中小學生必讀的生命教育故事

美好的閱讀經驗
豐富的生命內涵

教育部國語文輔導團召集人 孫劍秋
荒野保護協會創辦人暨知名作家 李偉文
強力推薦！

編著◎吳淑芳、吳惠花、忻詩婷　漫畫◎米洛可

推薦序一：

從閱讀遇見美麗的生命

「貧者因書而富，富者因書而貴。」閱讀文本，不僅學習文字本身的排列組合與音韻之美，同時欣賞文本中人物刻劃及劇情起伏的鋪陳展現，最終目的更是希望透過文字與生命的互相建構過程，促成個人心智的成長與生命的成熟。

所謂「腹有詩書氣自華」，書能使我們的心靈昇華，找到生命盎然的泉源。因此，文學的閱讀猶如生命的展演，文本中的喜怒哀樂、恩怨情仇、意識型態、價值判斷，無一不深深牽動我們的生命。

近年來由於影音媒體氾濫，從而瓜分學童大量的閱讀時間，不僅影響學童閱讀能力之發展，甚且導致學童在聽、說、讀、寫表現能力下降。此外，在現今偏重智育發展的教育體系之下，閱讀內容也缺乏廣度與深度，很少涉獵關於認識自我價值、探索生命意義、思辨人生目標的文本。如何藉由文學的閱讀，提升孩子的語文能力，並進入生命的底層，豐富自己的生命內涵，這是編寫《中小學生必讀的生命教育故事》的主要目的。

《中小學生必讀的生命教育故事》準備了一些問題，幫助小朋友明白故事的道理，讓學生進行閱讀省思，在面對人生中的許多僵局，該如何自處？如何提升生命的高度？如何抉擇？如何承擔責任？如何釋懷與放下？這一連串的生命省思，正是這本書想要傳達的訊息；文本中也結合閱讀設計、寫作教學設計，透過問題進入深層的思考，讓學童能掌握文章的主旨，並延伸寫作練習，提升學童的語文程度。

我們經常面對人生兩難的抉擇，因為「選擇」，就會有不能兩全的無奈，這正是生命的常態。故事中〈知母草〉提醒我們敞開真心對待周遭的人、事、物；〈石獅子開口〉說明欲望的過度膨脹會迷失自我，導致悔不當初的教訓；〈放下手中的石頭〉要我們真誠諒解家人、朋友所犯的錯誤，讓紛爭減少，和諧增多。文本在問答之間，進行經驗的傳承與交流，學童透過意見表達與意識的交融，進一步發現自我，並培養批判思考能力。閱讀《中小學生必讀的生命教育故事》給我們這樣的經驗與啟示，故事內容以小寓大，引導讀者管窺生命的智慧，寫出人生理性與感性的辯證。

《中小學生必讀的生命教育故事》是一本有吸引力的讀物，具有以簡馭繁的效果，它不僅適用性廣、趣味性高，又富含生命意義。希望老師和家長們共同協助我們的孩子走入閱讀王國，享受閱讀樂趣，培養閱讀的習慣，也引導學生了解並體認生命，珍惜自己及尊重他人並進而欣賞生命的豐富與可貴。

教育部國語文輔導團召集人
孫劍秋

推薦序二：故事是生命成長的活水源頭

在忙碌的工作之餘，大人很少能靜下心來傾聽孩子的感受，往往誤以為孩子們只要好好讀書，好好玩耍，生活中哪有什麼事情好煩惱的？我們忘了自己童年時的心情，不再記得小孩子也會很悲傷，很不快樂。有部電影曾這麼提醒我們：「大人總是忘了，童年為壞掉的玩偶而哭泣和日後為生離死別而哭泣是一樣的。」

只是孩子感受能力很強，但是表達能力很差，因為表達是必須在特定的社會脈絡中一字一句學習才會的，因此往往孩子有滿腹的情緒，家長卻無從得知，甚至連他們自己也無法梳理出一個比較清楚的想法。這時候故事就可以發揮作用了。

自己說故事或聽別人說他們自己的故事，是人類文明演化中很重要的關鍵，從蹲坐在樹上為對方整理毛髮、抓跳蚤、互相交談開始，然後爬下樹坐在營火邊聊天，到每個父母親在床邊為孩子說故事。故事從來都是人們整理經驗，獲得意義與尋求溝通的重要方式。可是現代的父母親，往往沒有時間，沒有心情，甚至沒有能力好好的跟孩子說故事，這時候閱讀故事就成了重要的替代方法。

我小學讀老松國小，當年正是台灣人口急劇增加的階段，因為校舍不足，全校一萬多個學生分為上午班與下午班，共用同一間教室。因此我的童年印象裡，有著許多沒有補習也沒有玩伴的漫長午後。一個人坐在閣樓窗戶邊，看著一本又一本的故事書，成了我心靈的窗口，想像外面那神奇多采的世界。透過閱讀在腦海中與自我對話的經驗，成了我往後成長過程中重要的養分。

最近這些年，大家開始著重「生命教育」，我覺得有效的生命教育絕不是知識上的教導或死板板的道德教訓，生命教育最重要的前提是要能使學生感動。當孩子在看這些精彩的故事後，會「啊！」一聲的感慨。這個驚嘆，就是我們重新認識這個世界的時候，也就是對舊經驗的重新詮釋，對已經熟悉的事件有了不一樣的體會和不同的理解。

有了感動，這個故事就能融入我們自己的經驗，成為生命的活水源頭。

荒野保護協會創辦人暨知名作家
李偉文

作者序：認識自己，活出意義

「生命教育」是引導個體使其了解「生命意義與價值」的教育。在現今偏重智育發展與升學導向的教育體系之下，許多學子茫茫然的上學、考試，放學後忙著去補習班，一到假日，在家人期望中還必須學習所謂多元發展的才藝。孩子不盡然了解求學的價值，不明白忙碌的目的為何，甚至對於他們活著的意義也是一頭霧水。故此，幫助時下學子認識自我、探索生命目標的閱讀，即「生命教育」的推廣，儼然成為不可或缺的要務。

為什麼要學習？為什麼要活著？無疑的，我們待人處世的態度與方法，常常建立在對自我的看法與對人生的價值觀。因此，思辨人生的意義與目標是很重要的！倘若我們能夠引導學生找到自己的興趣、思辨人生的目標，並且擬定自己的生涯規畫，會幫助學生探索與認識生命的意義、尊重與珍惜生命的價值、熱愛並發展個人獨特的生命、實踐並活出天地人我共融共在的和諧關係。

兒童天生就喜歡聽故事，等到他可以自己閱讀時，他也喜歡看故事。換句話說，故事對兒童而言，有著無限的吸引力。正因故事的吸引力、趣味性，又富含哲理，所以，我們選了一些故事，有的是成語故事，有的是寓言故事，還有一些童話故事，每個故事都傳達不同的道理，每個故事有趣的地方都不同，但這些故事都希望傳達：「守本分、盡本事，做自己的主人」、「原諒別人是美德，原諒自己是損德」、「待人要善解、包容、感恩」。例如〈放下手中的石頭〉：耶穌遭遇公義與慈愛相互矛盾，卻悲憫的看著眾人，要大家思考：「難道我們這一生都不會犯錯嗎？何必過度苛責犯錯的人呢？」警惕世人，不但時時需約束自己，不讓自己的作為妨礙到其他人，更須有容忍的雅量，同情別人的過錯而不過度苛求，這樣才能真正實現「慈愛」的精神。

另外，還準備了和故事配合的趣味漫畫，以增進圖像型兒童理解故事的內容；也準備了「錦囊妙計」幫助小朋友明白故事的道理；「隆中對策」是進階的問題，請老師或父母親和孩子討論；「妙筆生花」是寫作練習，希望孩子也能有基礎的寫作練習。

這本書的創作目的在於能夠給孩子一個美好愉悅的閱讀經驗，燃起孩子閱讀的熱情，培養閱讀的習慣，希望孩子不要對閱讀卻步，不要對學習灰心，涵養出足夠的能力，在國際競爭中，贏得自己一席之地。更盼望在快樂閱讀之餘，也能引導學生了解並體認生命，尋找自我生命意義，嘗試身體力行閱歷人生，活出自我生命色彩。

吳淑芳、吳惠花、忻詩婷

目錄

推薦序一　教育部國語文輔導團召集人　孫劍秋……II
推薦序二　荒野保護協會創辦人暨知名作家　李偉文……IV
作者序……VI
捕蟬之道……001
完成使命的狗……008
王六郎……015
釋鹿得人……027
代罪羔羊……035
黃雀報恩……043
知母草……051
石獅子開口……062

司馬光破缸救人……073
孔雀與鶴……080
背犁的農夫……087
魚與煎鍋……094
魯賓遜漂流記……101
小老鼠與大象……108
孩子與小白兔……118
石頭丟到哪裡……127
馬西拉羅皮亞的織工……135
放下手中的石頭……145
大重點・小整理……153
認識這本書的編／繪者……162

Contents

捕蟬之道

想一想

戰國時代的思想家荀子說：「駑馬十駕，功在不舍（音ㄕㄜˇ，通「捨」）。」說明凡事如能專注用心，並堅持下去，就能獲得成功的甜美果實。想一想，縱然自己一開始不如別人，但如果能努力不懈堅持到最後，那所獲得的成就會不會比別人豐富呢？

請聽我說

本故事選自《莊子》，其中最精要的一句話，便是「用志不分，乃凝於神」，意思是專注一志而不分心，將精神全副灌注於其中。此句話在這則寓言故事中具有畫龍點睛的效果，將專注一志、堅持到底的意義表現得淋漓盡致。故事中捉蟬的老人雖然駝背且走路吃力緩慢，但他豁盡全部的精神心力去捕蟬，照樣可以將細緻精微的捕捉動作發揮到精妙高深的境界。如此，捕蟬不再只是簡單的工作，老人藉著捕蟬透露出堅持不懈、專一凝聚的精神，表現出生命正面的意義，也就是古人說的「道」。

在閱讀時，想著佝僂老人「用志不分，乃凝於神」的工作態度，能否觸及古人所說的「道」嗎？

選文

孔子要去楚國，途中經過一片樹林，看到一個駝背的老人正在用竹竿捉蟬，技術靈活的有如直接伸手去抓一樣。孔子驚奇的問老人：「先生有這麼靈巧的技術，究竟代表何種意涵？」駝背老人說道：「我有經過一段訓練過程。首先，在捕蟬的竿頭放上兩顆泥丸子，不讓它們墜落，如此持續五、六個月，捕蟬失手的機會就少之又少；如果放上三顆泥丸子而不墜落，那麼捕蟬往往都能十拿九穩了；如果可以放上五顆泥丸子而不墜落，那想捕到蟬根本就是唾手可得。當我在捕蟬的時候，身體凝著不動，猶如枯木，而手臂就像枯木的枝葉。這時，不論天地有多麼的廣大，萬物在我四周有多麼的紛雜，但此刻在我的心裡只有蟬，渾然不顧其他外務，如此怎麼會捕不到蟬呢？」

孔子聽了老人的話，便轉頭告訴身後的弟子：「專注一志而不分心，將精神全副灌注於其中，正是駝背老人所表現出來的態度啊！」

錦·囊·妙·計

一、在竿頭上放置泥丸子訓練捕蟬的技巧，主要是訓練哪方面的能力呢？

二、老人是如何運用竹竿捕蟬的呢？

三、如果駝背老人不用堅持專注的精神捕蟬，那他還會捕得到蟬嗎？為什麼？

隆中對策

一、如果你專注用心，在一件事情上面持續不懈，會獲得怎樣的結果呢？

二、請問「捕蟬之道」的「道」，代表何種意涵呢？

三、想一想，你有沒有從平常細微的事物當中，發現一些人生的大道理呢？

●作文教室：文章的「開頭」

文章的「開頭」就像見面時給人家的第一印象，所以，文章的開頭相當重要。

學生作文常以「有一天」、「早上」、「很久以前」、「天亮了」作為開頭，這樣顯得較為通俗，無法出奇制勝。

文章的開頭，如何能吸引人？例如以「早上」為開頭，可利用情境說明時間點。如：「一聽到鬧鐘響起，我一刻也不敢延遲，火速奔向浴室，抓了牙刷，就怕趕不上晨讀的活動。」

◎牛刀小試

請試著用「情境」說明時間點，並完成短文：

①「很久以前」→ ……………………………………………………

……………………………………………………………………

……………………………………………………………………

②「下課時」→……………………………………………………

……………………………………………………………………

……………………………………………………………………

漫畫

哇！好厲害呀！
敢問您是如何練成如此高深的捕蟬技巧呢？
很簡單呀！一開始先在竹竿上放兩顆泥丸子，不讓它們墜落，則失手機率就少了。
能放上三顆泥丸子而不墜落時，捕蟬往往都十拿九穩了！
真是一門學問呢！
能放上五顆時，根本就唾手可得了！
這真是訓練專注一志而不分心的好方法呀！

完成使命的狗

想一想

當我們下定決心要完成某件事時，是可以發揮「雖千萬人，吾往矣」的決心和毅力的。狗兒是人類最忠實的朋友，當牠發揮決心和毅力，捍衛牠對人們的忠誠時，是令人感動的。相反的，朋友之間有時會因為彼此的欺瞞，而互相背叛。想一想，人世間的狡詐與背棄，是否比狗對主人忠誠的情感還不可取呢？

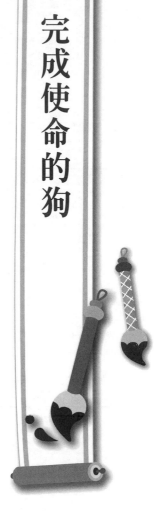

請聽我說

本故事選自《述異記》，描述晉朝大文學家陸機豢養了一隻善解人意的狗——黃耳。這隻狗不僅聰明伶俐，聽得懂陸機的話，更難能可貴的是，牠極盡忠誠的對待主人。黃耳認真負責的完成陸機交付的使命，甚至將生命奉獻在送信的任務中。這種為他人犧牲的精神，實在符合漢代史學家司馬遷所說：「士為知己者死，女為悅己者容。」然而，拿知己之「士」來比喻狗對於主人的忠誠，實在不禁讓我們省思著：人生在世能否擁有一段坦誠真摯的友誼，讓我們捨棄自己的生死，全心全意為知己付出呢？

選文

魏晉南北朝時，大文學家陸機養了一隻叫黃耳的狗，牠不但機靈聰明，似乎還聽得懂人話。一天，陸機有十分緊急的事情需要馬上通知遠方的家人，卻遲遲不見送信的信差。情急之下，他蹲下來對那隻狗說：「黃耳呀！我知道你最聰明了！如果你聽得懂我說的話，能不能幫我把信送到老奶奶家呢？」說完，黃耳好像真的聽得懂似的，在陸機將信綁在牠身上後，就往外跑去。

一路上，黃耳餓了就吃別人不要的剩菜剩飯，渴了就喝地上的積水，一刻都不敢耽擱；而陸機則是每天都懸著一顆心，在家中等待黃耳的歸來。終於，將近兩個月後，陸機看到骨瘦如柴的黃耳回到了家中，身上還綁著從老奶奶家來的回信。他趕緊把信解開，拿起來閱讀。就在陸機讀完信的那一刻，他才驚覺黃耳已經倒在地上，沒有了氣息。

陸機好傷心，看著黃耳漸漸冰冷的身體，不停的流淚，於是陸機在離家不遠的地方埋葬黃耳，並為牠做了墓碑以茲紀念。這個地方就是後人所熟知的「黃耳塚」。

錦・囊・妙・計

一、黃耳在送信的路途中，所吃的糧食是什麼呢？

二、在古代，人們可以運用哪些方法送信呢？

三、如果你是黃耳，你還會想出何種辦法，既能將信安全送達老奶奶的手裡，又不致筋疲力竭，最後過度勞累而死呢？

隆中對策

一、想一想，為什麼黃耳用盡自己的力量，最後甚至付出自己的性命，只為了幫主人陸機送信，牠是懷持著何種信念才做出如此大的犧牲呢？

二、如果你是陸機或老奶奶，你會怎樣幫助黃耳，不讓牠因疲憊致死呢？

三、請想想你的好朋友，寫下他的姓名與優點，並想想能在他身上學習到什麼做人處世的道理？

●修辭小學堂：譬喻法

利用一般人較熟悉，形象較具體，通俗淺顯的事物來比擬另一件較抽象、陌生的事物，這就是「譬喻法」。

範例：

1. 黃耳這隻狗彷彿是陸機家中的好幫手，凡是主人交代牠幫忙的事情，總能像快遞員般使命必達！
2. 經過漫長的車程，總算到了目的地。一下車，孩子們都成了脫韁的野馬，四處奔跑跳躍，高興極了！

◎牛刀小試

①你有看過葉子上的露珠嗎？請運用譬喻法描述它的樣子。

……………………………………………………………………

……………………………………………………………………

②請運用譬喻法完成下列句子

雲朵好像……………………………………………………

……………………………………………………………………

漫畫

黃耳~幫我送信到老奶奶家吧！
一切就拜託你了。
黃耳一路上餓了就吃別人不要的剩菜剩飯，
渴了就喝地上的積水，一刻都不敢多做耽擱。
黃耳~你終於回來了！
骨瘦如柴的黃耳終於回到了家中，身上還綁著從老奶奶家來的回信。
就在主人讀完信的那一刻，黃耳沒有了氣息。
主人淚流滿面，埋葬黃耳，並為牠做了塊墓碑以茲紀念。
黃耳

王六郎

想一想

孔子說：「德不孤，必有鄰。」旨在告訴我們，當一個人以真誠善良的心對待周遭的親人與朋友時，身旁的人也會以真誠善良的心回應之。想一想，自己有沒有在散播愛心之後，也得到別人回饋與幫助的經驗呢？

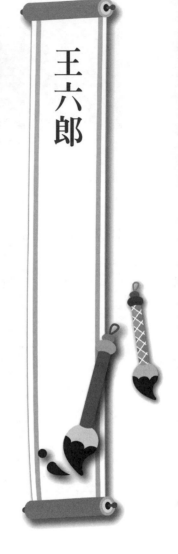

請聽我說

本故事改寫自清朝蒲松齡的神怪小說《聊齋志異》，描述一個慷慨好客的漁夫許生與水鬼王六郎結交為好友的故事。水鬼因感謝許生時常在無意中賞他喝酒，又在相識以後發現兩人意氣相投，而成為無話不談的好友。知恩圖報的水鬼偷偷幫助許生捕魚，讓他每次都能滿載而歸，這樣的情誼維持了許久，有天卻因為水鬼獲得一個脫離冰冷河水的機會——條件是讓另外一個人溺死在同條河流中，代替自己受苦——而向許生坦承自己是水鬼的身分。知道這令人震驚事實的許生，並沒有因為對方是水鬼而產生恐懼，遠離水鬼；相反的，他替他的水鬼朋友能夠脫離苦海感到開心。然而，懂得知恩圖報的水鬼並沒有選擇拖累其他人，反而發揮同情心，拯救溺水的婦女上岸。好心有好報，天帝知道水鬼的善行之後，念水鬼心存善念，便冊封水鬼為土地公。而職位升遷的王六郎，並未忘記他的知己好友，幫助許生脫離原本窮苦的環境。真誠善待朋友的許生，終於得到豐厚的謝禮，過著比之前更富裕的生活。

選文

很久以前，有個姓許的漁夫，住在淄川北邊的郊外。他時常一邊喝酒一邊捕魚，而且他喝酒的時候會從船上潑灑一些酒進河裡，並說著：「淹死在河中的水鬼，快過來喝一些酒吧！」這種樂善好施的行為，卻帶來意想不到的收穫：周遭的漁夫都捕不到魚的時候，許生的漁船卻總能滿載而歸。

一日，許生捕魚捕到天色都昏暗了，他稍微休息一會兒，坐在岸邊喝酒，忽然有個少年上前來向許生討酒喝，慷慨的許生盛情款待他。然而，當天晚上許生的船上卻絲毫沒有一點漁獲，他感到有些苦惱。這時，那討酒的少年自告奮勇的說：「讓我來幫你吧！」說完，就往下游走去，過了不久，就聽見一聲大喊：「大批的魚群游過來了啊！」只聽到霹靂啪啦的聲響，隨意一捕，數條長過一尺的魚都游進網子裡面。許生看到如此景象，非常高興，不斷的向那少年道謝，還要送少年幾尾大魚，少年卻執意不肯收。少年說：「每次都喝你送的酒，只有我答謝你的份，你不需要這麼客氣。」許生感到一絲奇怪，說：「我第一次請你喝酒，怎麼能說『每次』呢？但如果你能常來陪我捕魚，就真是太感激不盡了。」於是便問了那少年的姓名，少年說：

「我姓王，名字沒什麼特別的，但是在家裡排行第六，你就叫我王六郎好了。」兩人熱絡的聊了一陣子之後，許生與六郎相互告別。隔天，許生照常到河中捕魚，一見王六郎早早就在那裡等待了，兩人便高興的飲酒聊天，喝得差不多後，六郎又自告奮勇幫許生捕魚。

就這樣，六郎便天天幫許生捕魚，持續了半年多。一天，六郎突然和許生說：「雖然與你相識只有一段日子，我和你的情誼卻好得像親兄弟一樣，只是我們不久就要分開了。」六郎語氣顯得非常悽涼，許生驚訝得連問發生何事？六郎吞吞吐吐，半天都沒能開口，最後，六郎鼓起勇氣說：「其實我是這條河中的水鬼，因為生前喜歡喝酒，終於在一次喝醉酒後，淹死在河中。你常送酒給我喝，我也暗中幫你聚集魚群，以報答你的贈酒情誼。只是，明天過後我再也不用生活在寒冷的冰水中了，因為有個人會不慎落水，到時他會來接替我的位置，那我就不能與你相聚了，所以不禁感傷了起來。」

許生一開始聽到他的好朋友是水鬼，內心感到非常害怕，但這水鬼平時並沒有加害於他的意思，也很真心誠意的與他交往，害怕的情緒因此隨著好朋友的分別而轉移。他收起悲傷的心情，勸慰六郎說：「雖然我們要分離了，但是你卻可以脫離苦海，這真是一件好事啊！」乾了幾杯酒，許生忍不住問：「要代替你當水鬼的苦命人是誰呀？」六郎說：「明天中午你到河邊，有個女人會不慎落水，那個人就是我的替死鬼。」

果不其然，第二天中午，許生果然看到一個婦人不小心跌落水中，手中的嬰孩卻被拋在岸邊，不停的哭泣。那個婦人一下子沉沒到水中，過一會兒卻抓住河流旁的石頭，氣喘吁吁的爬上岸，除了濕淋淋的衣服之外，彷彿什麼事都沒有發生。婦人溺水掙扎的時候，許生一度不忍心，想要救她上岸，但一想到這是代替王六郎受罪的，還是壓抑自己的善念，狠心不施予援救。但婦人掙扎一下就上岸了，許生感到非常奇怪。

當天晚上，六郎又與許生相聚，並說：「我們又相聚了，而且還要過好一陣子才會分離。」許生問他原因，他說：「那女人原本要被我拖下水了，只是我看她的手中抱著一個孩子，實在於心不忍，還是放手不讓她替我受罪了。或許我們兩個緣分未盡，還可以好好相處一段時間呢！」說完，六郎爽朗的笑了幾聲。於是，又回復往日的時光，兩人聯手捕完魚，就一同喝酒敘舊。這樣的情形維持了幾個月。

一日，六郎又來告別了，許生一方面替六郎高興，卻也緊張誰又倒楣了。結果答案卻出乎意料，六郎說：「天帝看到我於心不忍，放過那溺水婦女的善行，為了嘉獎我，便升遷我的職位，現在我已經從水鬼變成土地公了。明天一早，我就要趕去鄔鎮上任。如果你不怕路途遙遠，歡迎你來鄔鎮敘舊，到時一定要讓我好好款待你。」

隔天，許生魚也不捕了，收拾一些行李便上路。長途跋涉過了幾個山頭，終於抵達鄔鎮這個地方，他詢問當地的居民土地廟在哪裡？居民開口便問：「請問你是不是姓許？是住在淄川嗎？」許生點頭稱是。一下子，全村的人都跑過來了，熱情的設宴款待許生，並且送他一些旅費。晚上，許生做了個夢，夢到王六郎穿著官服，遞了一杯酒給許生，說：「我不能夠給予你什麼貴重的禮物，只能像以前一樣和你把酒言歡。你這麼辛勞的來看我，我實在非常感動，隔天你回家時，我再送你一些薄禮。」

說完，王六郎就替許生吹起一陣風，這陣風吹了好久好久，帶著許生回到家鄉，一落地，他手中多了些許的金銀財寶。許生放棄了原本捕魚的職業，利用這些金銀財寶做些小生意，過著富裕的生活。之後的歲月，一見到鄔鎮來的旅客，他就會特地探問土地公的情況，旅客都異口同聲說那裡的土地公非常靈驗呢！

錦·囊·妙·計

一、做水鬼的王六郎如何幫助許生呢？

二、許生知道王六郎是水鬼之後，心情上有什麼轉化呢？

三、為什麼天帝會讓原本是水鬼的王六郎升官，成為土地公呢？

隆中對策

一、想一想，你幫助人之後的心情通常是如何？如果獲得的是喜悅，為何會有這樣的心情呢？

二、許生看到掉落河水的婦人，雖然想過去拯救她，但如果拯救她的話，朋友王六郎就要繼續泡在冰冷的水裡，如果你是許生，你會怎麼做呢？

三、故事中的許生因為平時樂善好施，心懷慈悲而得到水鬼的報答。如果水鬼最後並未報答許生，許生還會繼續跟他做朋友嗎？為什麼？

●作文教室：心智圖的運用

很多學生面對題目寫不出文章來，如何解決寫不出來的窘境？可以試著運用心智圖的思考模式，蒐集寫作材料。

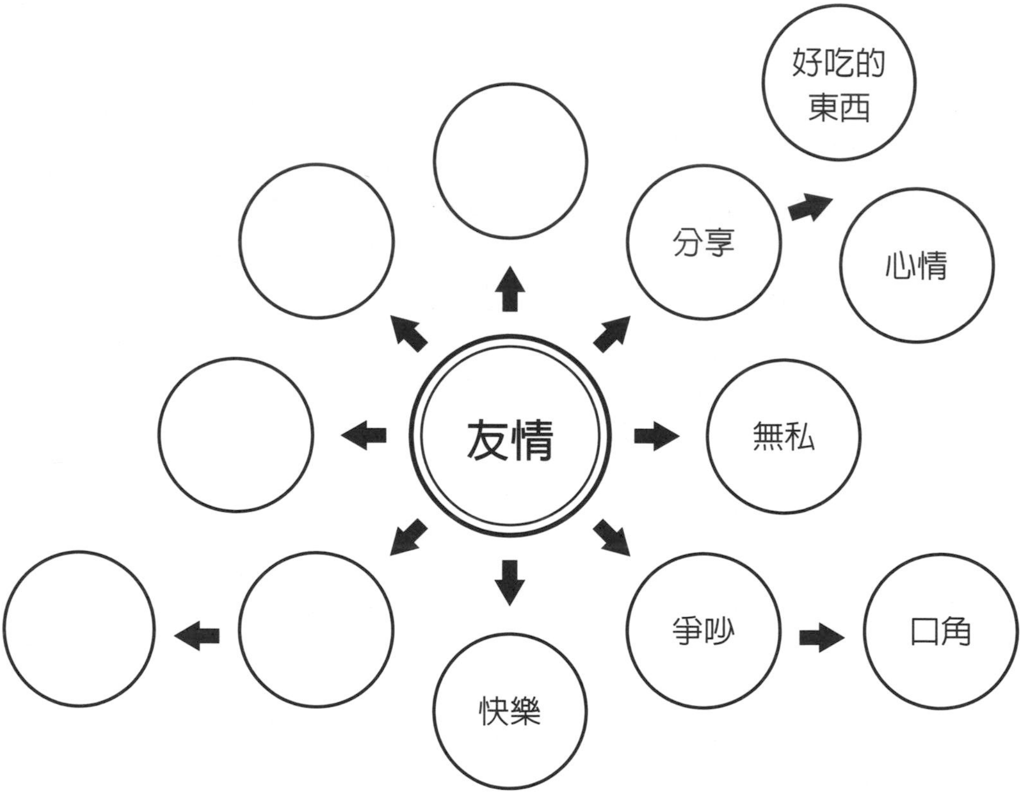

漫畫

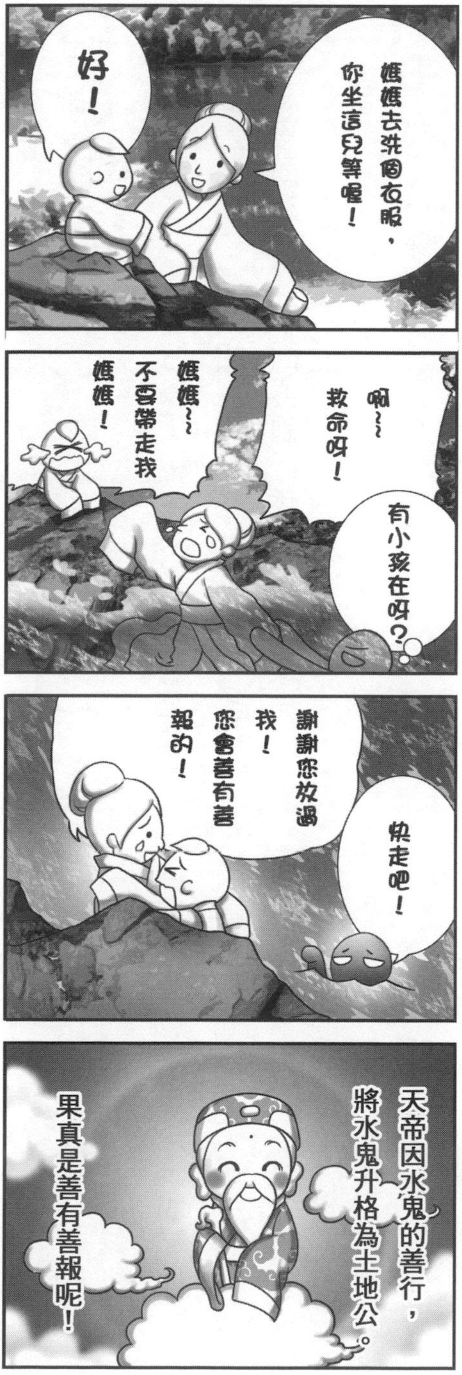

媽媽去洗個衣服，你坐這兒等喔！
好！
有小孩在呀？
啊~~救命呀！
媽媽~~不要帶走我媽媽！
快走吧！
謝謝您放過我！您會善有善報的！
天帝因水鬼的善行，將水鬼升格為土地公。
果真是善有善報呢！

釋鹿得人

想一想

古人說：「人而好善，福雖未至，禍其遠矣。」這句話的意涵是說，關愛他人，也使他人能以仁愛互相對待，在彼此提攜扶持之下，災禍也從此漸漸遠離。想一想，你有沒有因為做好事而得到好報的經驗呢？

請聽我說

本故事選自《韓非子》，故事中的秦西巴在魯國國君孟孫打獵時，因不忍母鹿一直跟隨在被捕的小鹿之後，並發出淒厲的哀號，而命令侍衛釋放小鹿，讓母子重新團聚。想不到此舉卻觸怒了國君孟孫，憤怒的國君為此甚至將秦西巴逐出王宮。然而，一年過後，國君想為兒子們聘請一位才德兼備的老師，不假思索的馬上想到秦西巴。

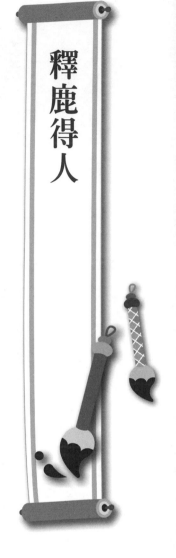

這事件的背後意義，並非反映國君的出爾反爾，而是秦西巴仁愛善良的惻隱之心已經消退了國君的負面情緒，不僅赦免其任意釋放小鹿的罪過，更用他的仁義贏得國君孟孫的欽佩與賞賜。

選文

魯國的國君孟孫十分愛打獵。一次，他帶著臣子秦西巴一同去打獵，正好獵到了一隻小鹿，國君十分開心的交代臣子秦西巴將小鹿帶回宮中飼養，便先行離去。

就在國君離去後不久，有隻大鹿卻飛奔到關著小鹿的籠子旁，發出淒厲的叫聲，並流下了眼淚。秦西巴馬上就看出，那隻大鹿是籠子中小鹿的母親。這隻母鹿為了要再見小鹿一面，居然不顧籠子旁的侍衛們是否會威脅到自己的生命。秦西巴看到這樣的情景，感到於心不忍，就命令侍衛把小鹿給放了。看到被放出來的小鹿，母鹿趕緊衝向前，帶著受傷的小鹿加緊腳步回森林裡去。

回到王宮後，國君得知秦西巴擅自把小鹿放走的事情以後，感到十分生氣，二話不說就把秦西巴趕出了王宮。一年過後，國君的兒子到了要開始念書的年紀，但接見了許多老師，都覺得不滿意。直到他想起了一年前被自己趕出宮的秦西巴，才領悟到當初秦西巴為何會如此做，所以馬上要隨侍把秦西巴再請回宮來。

秦西巴進宮後，見到國君，國君就對他說：「當初將你趕出宮，是因為你違背了我下達的指令，而遭受處罰。如今將你再召回宮內，是因為我了解到你有一顆就算違背國君也要行善的仁慈之心。你不但學富五車，且有憐憫之心，非常適合教導下一任的國君。因此，我要任命你為王子的老師。」秦西巴聽完，知道國君已赦免了他，並且認可他的品行，便接受國君的招聘，成為教導王子的老師。

錦·囊·妙·計

一、為什麼當初國君要將秦西巴趕出王宮？

二、如果你是國君，看到秦西巴釋放小鹿，你會把他逐出宮外嗎？為什麼？

三、如果你是秦西巴，被國君逐出宮後，你還會回到王宮，繼續教王子讀書嗎？為什麼？

隆中對策

一、你覺得故事中的國君，具有怎樣的性格呢？

二、想一想，為什麼被國君趕出王宮的秦西巴，最後還是接受教導王子的職務，而不埋怨國君當初霸道的判決呢？

三、你認為好的領導者需要具備怎樣的特質？

●作文教室：人物描寫

描述人物最常犯的缺點就是缺乏「具體描寫」。

範例：秦西巴富有憐憫之心。

秦西巴富有憐憫之心，他看到母鹿不顧危險，跑到籠子旁要見小鹿最後一面，感到於心不忍，於是寧可違背國君的命令，把小鹿給放了。（將秦西巴的憐憫心具體化，文句才會深刻動人。）

◎牛刀小試

請以「具體描寫」續寫下列句子。

我的弟弟是家中的開心果，……………………………………

……………………………………………………………………

……………………………………………………………………

……………………………………………………………………

……………………………………………………………………

漫畫

沙沙・・・・
太好了，抓到小鹿了！
孟孫打獵，獵得小鹿。
空~~
誰在那裡！
沒人嗎？
明明有聲音都沒人影・・・
難道有鬼?!
沙沙・・・・
沙沙・・・・
孟孫嚇得逃竄，不顧獵得的小鹿，母鹿小鹿終於團聚。
啊！

代罪羔羊

想一想

孟子說：「仁者無敵。」一個人如果能發揮自己本有的仁心，與人相處時，大家會因為你的善良而親近你、幫助你；如果把這種慈善的仁愛發展到治理一個國家上，百姓也會因為仁政而獲得豐衣足食的生活。想一想，你有沒有發揮自己善心的經驗呢？

請聽我說

本故事改寫自《孟子》，敘述平庸無能的齊宣王想實現統一戰國諸國的夢想，便請教當時遊歷至齊國的孟子。孟子認為無論君主的才能多麼平庸，只要發揮內在本有的善心，擴展到施政上，形成仁政，國家便能因為君王的良善而豐衣足食。如此，富強的國家積蓄豐厚的競爭力，則一統天下這看似遙不可及的空想，也瞬間變得指日可待。故事中，孟子舉出齊宣王不忍眼前的牛隻即將被屠宰，下令改換成羊隻的慈悲心，勉勵齊宣王不用擔心自己能力平庸，只要發揮天生擁有的善心，便得以實施仁政了。在閱讀故事之前，我們可以先自問，如果看見小動物遭受欺負，會不會也可憐牠們，想要拯救牠們呢？這樣的心情是不是就是「善心」呢？

選文

戰國時代，各諸侯國互相爭戰，每位君王都想侵略他國，擴張自己的野心，實現一統天下的夢想，而平庸的齊宣王也是其中之一。

一次，著名的儒者孟子周遊列國來到了齊國，齊宣王迫不及待宣召孟子進宮，想要詢問他，是否有一個必勝的方法，能助他舉世無敵以併吞天下。孟子聽了齊宣王的問題，清一清喉嚨說：「春秋名主齊桓公、晉文公稱霸的事蹟，並沒有被我們儒家流傳下來，所以也沒有值得依循的範例，如果大王一定要我說，我想，如果能施行仁政，則統一各國的夢想也只是遲早的事。」

齊宣王又問：「那要怎樣施行仁政呢？」孟子說：「只需讓百姓過著安居樂業的生活就行了。」平時縱情歌舞饗宴，荒廢政事的齊宣王，想到自己日常荒唐的作為，不好意思的問孟子：「像我這樣的君王，也可以讓百姓生活安定嗎？」孟子說：「可以的。我曾聽過陛下的臣子告訴我一件事，一天，大王您坐在大殿上，看到侍臣牽著一頭牛自門外走過。您叫住他詢問：『你要牽這頭牛去哪呢？』侍臣回答您說：『正準備宰殺牠，將血肉拿去祭祀。』您看著那頭牛害怕發抖的模樣，淚滴一直在眼眶中打轉，便說：『牠沒有犯什麼罪，你就放了牠吧！看牠恐懼的樣子實在令我不忍。』侍臣說：『沒有牲畜當祭品，那我們該如何祭祀呢？』您說：『就拿一隻羊代替吧！』請問陛下，是不是有這回事呢？」齊宣王說：「是的。」

孟子說：「雖然一般的老百姓，都因為這件事誤以為大王您很吝嗇，但我深知大王不忍心見動物慘死的愛心呀！」齊宣王說：「雖然齊國偏遠狹小，但我何必吝嗇一頭牛，實在是不忍目睹牠毫無罪過卻要被殺掉，才用羊來替代。」孟子說：「雖然牛和羊都是牲畜，但您不忍親眼看見活生生的牛被屠宰，就以您看不見的羊代替；這就是大王您發自內心的仁愛呀！如果您將這種不忍傷害動物的心理，發揮在治理百姓上面，這就是所謂的仁政，持續進行這仁政，便能實現一統天下的理想了。」

錦·囊·妙·計

一、請問齊宣王在什麼時候覺得祭祀的牛很可憐？

二、羊和牛都有生命，為什麼齊宣王可憐牛隻要活生生被宰殺，卻使用羊代替牛祭祀呢？

三、為什麼孟子要用祭祀牛羊的事件勸誡齊宣王，這和使百姓安居樂業有什麼關係呢？

隆中對策

一、當你遇見受傷的小動物在地上苦苦哀號，你有什麼感覺呢？請問這是不是孟子所說的「仁心」呢？

二、為什麼齊宣王平時貪圖享樂，荒廢政事，但孟子依舊認為他可以推行仁政呢？

三、為什麼孟子認為只要施行「仁政」，就能統一天下？請問「仁政」究竟是什麼呢？

●作文教室：寫景技巧

描寫景物的技巧，除了具體描繪外，更重要的是要情景交融，加入情感於景物中，才能深刻動人。

◎牛刀小試

看到這些景物，讓你產生什麼樣的情懷和感觸？

範例：高山→堅毅不拔　湖水→平靜安詳
　　　草原→心胸開朗　森林→生生不息

廟宇→……………………………………………………

雲海→……………………………………………………

皇宮→……………………………………………………

瀑布→……………………………………………………

漫畫

你要牽這頭牛去哪呢？
臣正準備宰殺牠，將匹肉拿去祭祀。
楚楚可憐~~！
害怕！
害怕！
看牠恐懼的樣子實在令我不忍！
拿其他的東西代替吧！
王~
仁者無敵！

黃雀報恩

想一想

俗語說：「受人點滴，必當湧泉以報。」意指當我們受到別人的幫助與恩惠時，應該無時無刻懷抱感恩的心情，給予最真誠的回報。想一想，自己有沒有幫助別人或是受到別人幫忙的經驗呢？你當時的感受又是如何呢？

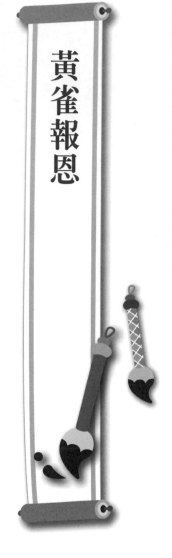

請聽我說

「結草銜環」比喻對施恩者有恩必報。本故事出自於《續齊諧記》，主角楊寶在九歲時，便發揮慈悲的好心腸與見義勇為的作風，他在華陰山看見弱小的黃雀遭受獵鷹的無情攻擊，無力的身軀就要被螞蟻搬走，成為冬天的糧食，楊寶立刻救治受傷的黃雀，細心的照顧牠。這隻具有靈性的黃雀非常感謝楊寶的救命恩德，身體復元之後，雖然無聲無息的飛走，但又飛轉回來，銜了四枚白環送給楊寶，保佑楊寶的子孫世代平安，並且和楊寶一樣，保持熱心助人的好心腸，成為清廉愛民的正直官吏。閱讀故事的時候，我們可以想一想，當別人熱心幫助我時，我會不會因為感激而給予回報呢？

選文

東漢著名的太尉楊震為官清廉，處理政事公正不阿，是東漢一代名臣，而楊家不但連續四代衣食豐厚，並且被朝廷受封為高官大員。只是，楊家世代皆能維持富貴榮華，其實是冥冥中注定的，這背後蘊藏一個黃雀報恩的故事。

楊震的父親名叫楊寶，他九歲時跑到華陰山的北邊玩耍，信步漫遊，獨自欣賞山中優美的風景。突然，楊寶看見一隻羽色鮮豔的黃雀，受到凶猛老鷹的猛烈攻擊；黃雀不敵老鷹利爪，重傷墜地。之後，又有一大批螞蟻群貪食奄奄一息的黃雀，試圖把微弱無力的雀兒搬回巢穴中，儲備作為冬日的糧食。楊寶眼見可憐的黃雀似乎只剩下一口氣，馬上驅趕蟻群，捧起黃雀，拿草藥治療黃雀的創傷，並且將牠飼養在鋪著錦被的盒子中細心照料。

經過三個多月，黃雀受創的傷口漸漸癒合，羽毛也逐漸豐厚，能夠飛翔了。某天，痊癒的黃雀無聲無息的飛走了。當天晚上，楊寶夢見一個身穿錦黃衣裳的童子步行到他的身前跪拜，並說：「我原本是西王母娘娘的使者，那天無端受到老鷹的欺負，幸虧有你發揮仁慈的愛心，我才能活過來，否則一定會重傷不治。為了報答你的恩德，特地銜來四枚白環送給你。這四枚白環不僅可以保佑你的子孫加官晉爵，更庇佑他們能與你一樣有著一顆仁慈的好心腸，勤政愛民。」楊寶醒後雖然對這件事半信半疑，但果不其然，他的子孫三代都是達官顯貴，而且在朝行政時，都能愛民如子，保有清廉公正的好品行。

錦·囊·妙·計

一、故事中的黃雀被哪兩種動物攻擊，而變得奄奄一息？

二、請寫下楊寶醫治黃雀的整個過程。

三、黃雀送給楊寶四枚白環，具有什麼神奇的魔力呢？

隆中對策

一、當你幫助別人的時候，你希望他們也會給予你一些回報嗎？為什麼？

二、如果你幫助了別人，他卻還予惡劣的回應，請問你還會繼續幫忙他嗎？為什麼？

三、黃雀認為四枚白環可以保佑楊寶一家人為官清廉正直。如果失去了白環，楊寶的子孫真的就會失去清廉正直的作風嗎？為什麼？

●**修辭小學堂：摹寫法**

將對事物的感受，不管是看到、聽到、聞到、摸到、吃到……的感覺，用文字加以形容或描寫出來，就是「摹寫」。

範例：一大早，麻雀們就在窗前吱吱喳喳的說個不停。

（聽學摹寫）

◎牛刀小試

請你運用感官，說說看：

①我在野外看到一隻黃雀正受到什麼樣的攻擊？

……………………………………………………………………

②用眼睛看一看，黃雀的外表如何呢？

……………………………………………………………………

③用耳朵聽一聽，當時黃雀的叫聲是怎麼樣的呢？

……………………………………………………………………

④用手摸一摸，黃雀外在的觸感是怎麼樣呢？

……………………………………………………………………

⑤一次在野外救黃雀的經驗，給你什麼樣的感覺？

……………………………………………………………………

漫畫

啊！黃雀被老鷹攻擊了。
楊寶看見黃雀被老鷹攻擊而墜落地面。
螞蟻走開！不要害怕，我來救你！
楊寶拿草藥治療好黃雀的創傷。
你可以回家了！
當晚楊寶做了一個夢。。。
黃雀報恩送了四枚白環，保佑楊寶的子孫加官晉爵。

知母草

想一想

所謂「誠信是人性的試金石」，當人們抱持著誠信的態度對待周圍的親朋好友，他們亦會被正心誠意的氣息所感染，進而將自己的心房打開。想一想，自己是否也無時無刻敞開真心，對待你周遭的人、事、物呢？

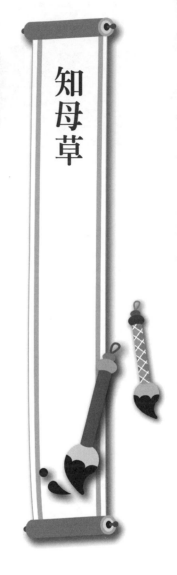

請聽我說

本篇出自中國民間傳說，旨在闡明做人處事須秉持恭敬與忠信的心懷，只要我們表現出和善的真誠，身旁的人也同樣會付出他們的真心，我們會發現世界變得美麗，生活也能獲得最完美的快樂。故事一開始出現的吝嗇有錢人與高官都心懷不軌，想利用老婆婆，學習精妙的草藥知識，然而這種虛情假意終究不能通過老婆婆的考驗，而原形畢露；更令人不齒的是，他們還將老婆婆掃地出門。直到最後，一對樸實誠懇的夫婦收留了老婆婆，他們由衷的孝順老婆婆，不覬覦她高深的知識，反而得到傾囊相授的真傳。習成後，兩夫妻甚至不藏私，不圖任何利益，運用高深的知識醫治病患，造福鄉民，獲得鄉親衷心的感激。

選文

從前，有一位對草藥知識十分豐富的老婆婆，一生都在救濟窮人，沒有收取任何費用，加上老婆婆沒有小孩，雖然日子還算過得下去，但她卻感到十分寂寞。老婆婆很想把自己認識草藥的知識傳授給他人，卻苦無適合的對象。因此，她想到了一個好方法，她開始在路上沿街叫喊：「誰認我作娘，我就傳授他認草藥的知識！」由於老婆婆認草藥的功力，是大家公認的好，所以這個消息，很快就傳開來了。

消息傳到一個吝嗇的有錢人耳裡，那有錢人暗自盤算，如果老婆婆將草藥知識教給他，並利用這樣的知識去做生意，一定可以大賺一筆！有錢人立刻叫僕人去把老婆婆請回家中，讓老婆婆吃好穿好，卻把自己的親娘趕出家門以節省開銷。過了些許日子，吝嗇的有錢人開始感到不耐煩了，便去問老婆婆：「娘，妳已經住在這一段時日了，何時才要開始教我認草藥呀？」老婆婆氣定神閒的回答說：「你別急，再過一陣子就開始教你！」老婆婆又住了幾個月，有錢人又來問：「娘啊！妳究竟何時要開始帶我上山認草藥呀？」老婆婆回答說：「別急別急！再過一兩年，就開始教你！」這吝嗇的有錢人，哪有耐心等這麼久，他氣得叫僕人把老婆婆趕出家門。

被趕出來的老婆婆，只好繼續沿路叫喊：「誰認我作娘，我就傳授他認草藥的知識！」不出三日，就有一位官員聽到此消息，想著如果能夠得到老婆婆的知識，一定可以把皇上的病治好，這樣就能得到數不盡的榮華富貴了！於是官員就把老婆婆接到家中，用上等絲綢幫她做衣服，請宮廷料理主廚準備三餐。時間就這樣慢慢的流逝，直到一日，那位官員來到老婆婆的面前問：「皇上的病情似乎越來越嚴重了，娘妳就快點開始教我認草藥吧！要是我們把皇上的病治好，肯定能得到不小的重賞！」老婆婆依舊回答說：「別急別急！再過一兩年，就開始教你！」官員聽完，心想：「皇上的病，哪能拖到一兩年後呀！」知道老婆婆對自己沒有益處之後，也馬上將她掃地出門了！

可憐的老婆婆被趕出家門後，只好無奈的繼續往前走，且不斷叫喊著：「誰認我作娘，我就傳授他認草藥的知識！」就這樣，老婆婆漫無目的行走，最後走到一個離城鎮很遙遠的小漁村，就在她經過一戶茅草做的屋子時，裡面的一對夫妻聽到她的叫喊聲，走了出來說：「老婆婆，妳看起來已經在外流浪很久了。我們的父母已經去世許久，雖然我們不富有，但如果不介意的話，我們想要認妳作我們的親娘，好好的侍奉妳。」說完，就開心的帶老婆婆進屋去了。

老婆婆待在這對夫妻家中，雖然沒有豪華的東西或山珍海味，取而代之的卻是這對夫妻真誠的關心及呵護，讓老婆婆倍感窩心。時間一年一年的過去了，這對夫妻從來沒有開口問過老婆婆關於傳授草藥知識的事情，讓老婆婆感到十分疑惑。有一天，終於開口問他們：「當初我說過，只要認我作親娘，就可以得到我的草藥知識，難道你們一點都不覬覦我的知識嗎？」兩夫妻說：「我們並沒有想這麼多，真的只是希望妳能成為我們的親人而已！」

過了不久，村子裡開始流行一種怪病，村民一個接一個受感染，感染者無一不變得奄奄一息。此時，老婆婆對那對夫妻說：「快跟著我上山採草藥，我們要趕快醫治這些病人！」兩夫妻跟著老婆婆上山後，找到一種白色底紫色線條的草。下山後，趕緊熬煮給附近生病的村民喝，大家喝了草藥湯後都康復了。老婆婆對夫妻倆說：「我知道你們心地善良，也不會貪圖我的草藥知識去圖利，現在我想要把這些知識傳授給你們，希望你們能夠利用這些知識幫助更多的窮人。」

這對夫妻學會所有草藥的用法後，知道當初那救人的白底紫色線條的草並沒有名字，就決定叫它「知母草」，以紀念老婆婆，而知母草也因這對夫妻的熱心助人，世世代代流傳了下來。

錦·囊·妙·計

一、為什麼老婆婆會訂出「誰認我作娘，我就傳授他認草藥的知識」的規定呢？

二、請問官員用何種方式侍奉老婆婆，希望老婆婆傳授他草藥知識呢？

三、如果你是老婆婆，你會將草藥知識傳授給富翁與官員嗎？為什麼？

隆中對策

一、如果你是那對夫婦，當整個村莊的村民感染了疾病，需要你去救治的時候，你會向村民收取醫藥費嗎？為什麼？

二、你覺得老婆婆訂立侍奉她為母親，就能傳承她的知識的規定合不合理？為什麼？

三、為什麼老婆婆要選擇將高深絕妙的草藥知識傳承給這對貧窮夫婦，而不是頭腦敏捷，能快速熟悉醫學知識的聰明人呢？

●**作文教室：語詞理解與應用**

運用四字詞語寫短文：氣定神閒、虛情假意、奄奄一息、榮華富貴、世世代代、漫無目的、山珍海味、沿街叫賣

請由上面選出至少3個四字詞語，串寫出一篇有主題的短文或故事。（超過150字）

漫畫

從前，有一位老婆婆……
認識百草，對草藥的知識十分豐富。
官員殷勤侍奉老婆婆，
唉呀！太豪華了！
但山珍海味不是她喜歡的食物。
有一對夫婦提供蔬食給婆婆品嘗，正合她意。
我們不富有，但希望能像親娘一樣的侍奉您！
這才是我需要的呀！
夫婦的誠心，獲得了老婆婆傳授的草藥知識。
要好好利用這些知識幫助更多的窮人。
是！

石獅子開口

想一想

「獅子大開口」，是指放縱自己欲望無限擴張的人。我們不能避免欲望的產生，卻必須克制欲望，不因欲望的膨脹，蒙蔽自己的良心。想一想，自己是否有因欲望的過度膨脹而迷失自我，導致悔不當初的經驗呢？

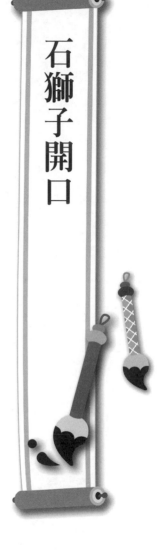

請聽我說

本篇出自中國寓言故事，旨在告訴我們知足常樂才能杜絕貪婪的擴張。當我們學會欣喜生命中一點一滴的小滿足，內心深處也會豐盈著安樂的喜悅感。然而，貪婪卻正好相反，貪婪讓欲望的膨脹變得可怕，更導致我們縱容自己的欲望而做壞事，貪婪遂成為罪惡的淵藪。故事中的主人翁——阿林，每天不辭辛勞的開墾荒地，也因為他的隨遇而安，得到了石獅子的賞賜。吝嗇的地主覬覦石獅子肚子裡面的黃金珠寶，命令石獅子張開大口，拚命往內挖取財寶。然而，放縱自己貪念的地主，也因為自己的貪得無厭而得到慘痛的教訓。

閱讀之前，我們可以先想想，為什麼貪心總會導致錯誤的結果發生，而知足常樂卻往往能獲得內心安和的幸福呢？

選文

從前有個吝嗇的地主，擁有的租地快要跟一個國家一樣大，卻還是覺得不滿足，對幫他耕田的農夫們也十分吝嗇，每次收成都要拿走他們農作物的五分之四。有一年，一位名叫阿林的農夫，因收成不好，繳交的農作物不如其他人多，地主一氣之下，只給了阿林一根鋤頭，就把他趕出去了。

無家可歸的阿林，想到另一個山頭上有一座神社，附近沒什麼人居住，空地又大，挺適合在那邊種些農作物，累了又可以住在神社裡。於是就跟熟識的農夫要了些種子，開始往山上走去。到了神社後，阿林開始尋找適合耕作的地方，他發現在神社前面有一塊平整的空地，旁邊又有一隻石獅子，休息時也有個遮陽的地方，就決定開始在此耕作。

從此，阿林就在此落地生根，餓了就吃野果子，渴了就喝從山頂流下來的溪水，就這樣一天一天的過去了。住在山上已經好一陣子的阿林，因為沒人陪伴，感到挺寂寞的，所以就把心事講給在田邊佇立的石獅子聽。

山上沒有肥料可以澆溉農作物，到了收成的時候，阿林的作物仍然長得不好。阿林看完田地長出的農作物後，氣餒的往石獅子走去，傷心的跟石獅子說：「石獅子啊，這次的收成，似乎賣不了什麼錢，我該如何買下次耕作需要的種子跟肥料呢？唉……」就在阿林說完這番話後，石獅子突然開口回應了他：「你別擔心！」阿林聽到石獅子開口說話，著實嚇了一大跳。石獅子接著說：「你別害怕，依這些時日我對你的觀察，知道你是個樸實善良的人，我真心想要幫助你！」這時，石獅子把嘴巴張得更大，並對阿林說：「來！我的肚子裡有數不盡的金銀財寶，你快伸手來拿吧！」阿林感到半信半疑，把手慢慢的伸到石獅子的肚子中，果然，他撈出了一大塊銀子。石獅子說：「你再多拿點吧！」阿林又伸手撈了塊金子。石獅子又說：「沒關係，你再多拿點吧！」此時阿林看著手中兩大塊的金子和銀子，滿足的對石獅子說：「不不不！這樣對我來說已經夠多了！石獅子，真是謝謝你啊！」石獅子說：「你真是個不貪心又善良的年輕人！」

阿林拿著從石獅子得來的錢財，成功的在城裡做了些生意，而這消息也傳到了地主的耳裡。地主滿腹疑惑的去拜訪阿林，而老實的阿林也將事情始末一五一十的告訴了吝嗇的地主。地主聽完這神奇的事情，馬上跑到山上的神社找那隻石獅子，並對石獅子說：「我知道你給了阿林許多錢財，我也要來拿銀子。如果你不給我，我就找人將你打碎！」恐懼的石獅子只好無奈的將嘴巴打開，地主卻像發了瘋似的猛把金銀財寶往石獅子的肚子外掏。石獅子嘴巴張到累得大喊：「拿夠了沒？拿夠了沒？別再掏了！」地主像是沒聽見般拚命的掏銀子。石獅子終於累得受不了，一口就把嘴巴給合起來，把地主的手咬在自己的口中。

此時地主痛得大叫：「哎呀！你快開口呀！別咬我了，痛死啦！」石獅子回說：「你這貪心不知足的人，我要好好的懲罰你！」地主的手怎麼樣都掙脫不了石獅子的嘴巴，只見天色越來越晚，地主的老婆找到山上來，地主看見她後馬上對她說：「妳快把那些金銀財寶搬回家去！」地主老婆感到疑惑的說：「哪有什麼金銀財寶呀？」地主回頭一看，才發現他努力掏出來的金子銀子，不知道何時變成了大大小小的石塊。

地主的老婆為了要救他，回家拿了鋸子想把石獅子鋸斷，誰知鋸子才剛落在石獅子的身上，地主就痛得哇哇大叫。因為實在想不出其他辦法，地主的老婆只好每天上山送飯菜給地主吃。不知不覺的過了幾年，地主的財富也慢慢的被他給吃光了。有天，地主的老婆上山來，拿著一盒裝著簡陋飯菜的便當對地主說：「這是我們家最後僅存的食物了。」兩人開始抱頭痛哭，地主後悔的說：「要是我當初沒有這麼貪心，我們現在就不會淪落到這樣的地步了！」

石獅子聽到這番話後，慢慢的把嘴巴鬆開，對地主說：「你終於得到教訓了！希望從今以後你可以改掉吝嗇及貪心，做個正直的好人！」地主慚愧的回答：「是！我學到教訓了，我發誓我以後不會再這樣貪心了！」說完夫婦倆就趕緊跑下山，從此再也沒有回來過。

錦·囊·妙·計

一、石獅子為什麼會咬著地主不放呢？

二、同樣希望得到財富，為什麼阿林得到石獅子施予的財富，過著安樂的日子，而大地主卻嘗到慘痛的教訓呢？

三、你是否知道「人心不足蛇吞象」這個成語？想一想，貪心想要獲得一切，究竟會產生何種後果呢？

隆中對策

一、想一想，你比較想擁有知足常樂，而安居樂業的人生？還是想要積極創造財富，卻不擇手段的人生？為什麼？

二、如果你是阿林，當你將財富用盡至一貧如洗的時候，你會再去石獅子面前，懇求祂再一次的幫助你嗎？為什麼？

三、如果你是地主，嘗到慘痛的教訓之後，你會心存感謝嗎？為什麼？

●**修辭小學堂：擬人法**

為了讓表達更生動，想像更豐富，我們常常會在說故事或寫作時，將物當作人來描述，使它們具有像人類一樣的動作或感情，這就是「擬人法」。

範例：

我是個能分辨人心善惡的石獅子，看盡了人世間各式各樣的人，雖然不能幫助全天下的窮人，但我希望世間的人們能了解到「知足」的重要性。

◎牛刀小試

請扮成某種東西，說說這個東西的心聲，替它做個自我介紹吧！

我是（　　　　　　　　　　），……………………………

……………………………………………………………………

……………………………………………………………………

……………………………………………………………………

……………………………………………………………………

……………………………………………………………………

漫畫

收成這麼差！
給我走！
有一位名叫阿林的農夫，
因收成不好而被地主趕出去。
石獅子呀！
這次收成不好
我該如何買下
次耕作需要的
種子呢？
神社！
你別擔心！
你是個善
良的人，
我肚裡有財
寶，你伸手來
拿吧！
財寶！
我也要！
唉唷！
你快開口！
好痛呀！
你這貪心的
人，我要懲
罰你！
地主也想拿，卻被石獅子一口
咬住，沒了財寶也沒了自由！

司馬光破缸救人

想一想

「泰山崩於前而色不沮，麋鹿興於左而目不瞬。」形容一個有膽識勇氣的人，能在急難發生時，依舊從容不迫的面對危機，如泰山在身前崩塌也毫不懼怕。想一想，自己是不是也有如此的擔當與魄力呢？

請聽我說

司馬光在小時候便有機智的表現，畫工甚至以此繪成《小兒擊甕圖》，貼在各地讚揚此事。要培養臨危不亂，臨事不懼的處事能力，不僅需要異於常人的膽識勇氣，和抵擋災難忽然降臨的抗壓性，最重要的是，要擁有隨機應變的機警與謀略。然而，這種一般成人都猶未充分具備的承擔氣魄，在司馬光年少時候，就能展現這種「大勇」的德行。故事中，司馬光眼見掉進水缸中的朋友快要被淹死了，在那千鈞一髮之際，不像旁邊的小孩只能焦急如熱鍋上的螞蟻，司馬光當機立斷搬起路旁的大石頭砸向水缸，拯救了奄奄一息的朋友。在閱讀故事前，我們需要思考的是，要如何培養出能夠承擔事務，以及面對危機的機智與勇氣呢？

選文

宋朝時，有一個小孩名叫司馬光。一天，他與朋友們在家中的庭院玩耍，玩得太開心，一個原本站在大水缸上的小孩，一不小心掉進了水缸裡。水缸裡的水十分滿，眼看在缸中的小孩就要被淹死了。

此時，其他的小孩不是緊張的大哭，就是急急忙忙的跑去找大人幫忙。只有司馬光在這樣的情況下，還能夠保持冷靜，趕緊將一旁的大石頭拿起，用力的往水缸砸去。水缸被司馬光打破了，掉進去的小孩也因此獲救。司馬光有著冷靜頭腦以及靈敏的反應，長大後成了宋朝有名的政治家及文學家。

錦·囊·妙·計

一、如果你是司馬光，會以什麼不同的方式拯救快要溺斃在水缸裡面的朋友呢？

二、如果當時只有一堆石頭，除了用石頭把水缸打破的方法外，請問你會怎樣利用這些石頭拯救快溺斃在水缸的小孩？

三、如果你是那個快要溺斃的小孩，你要怎樣應變，才能不讓情況繼續惡化，讓別人有充裕的救援時間來搭救你呢？

隆中對策

一、你是否有遇到緊急事情發生，卻能獨自應變，妥善處置的經驗呢？請寫下來。

二、請你尋找關於司馬光的其他故事，並講述給我們聽。

三、司馬光有著遇事不懼的勇氣與處變不驚的機智，請問該如何培養這種勇氣與機智？

●修辭小學堂：引用法

在文章的敘述中，我們有時會穿插一些典故、俗語、故事或是家喻戶曉的名言佳句……，這就是「引用法」。

「引用法」可以增加文章的說服力，達到使人信服的目的，讓人家更認同你的說法。

範例：

英國諺語說：「處順境時必須謹慎，處困境時必須冷靜。」如同司馬光一樣，他越是在危急的時刻，越是懂得冷靜思考。

◎牛刀小試

①俗話說：「____________________」，災難來臨時，遠方親朋好友的援助，比不上左右鄰居來得快速有效。

②「____________________」，學習要不斷的努力，稍有鬆懈怠惰，就會退步。

漫畫

躲好了沒？
司馬光與他的朋友在庭院玩耍。
好了！
救命呀！裡面有水！
唉呀！怎麼掉進水缸去了！
我馬上來救你。
司馬光急中生智，拿起了一旁的石頭敲向水缸。
敲～～
不要高興得太早，打破了爺爺的水缸，陪我一起去道歉吧！
太好了！得救了！

孔雀與鶴

想一想

「外表有如鮮花，容易凋零。」通過學習、修養蘊藏在生命之中的力量，比起外表光鮮亮麗，卻無任何内涵的生命，實在是堅強、厚實許多。想一想，你要當個學問豐富，品德優良的人？還是有虛華裝扮，生命卻只剩空虛的人呢？

請聽我說

本故事選自《伊索寓言》，以孔雀比喻空有華麗的外貌，卻無實質内涵的人；而鶴是指雖然沒有漂亮的外表，卻蘊涵著豐厚實力的人。孔雀翅膀有著七彩繽紛的亮麗姿態，卻不能展翅高飛；鶴的翅膀顏色樸實無華，卻可以振翼飛翔，甚至能在空中翻轉迴旋，自在遨遊。孔雀與鶴，誰優誰劣由此可見。生命的學習、修養也是如此啊！

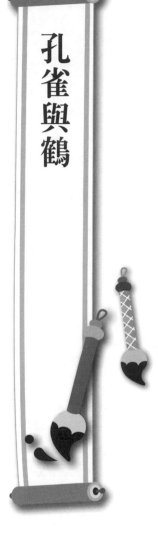

雖然沒有光彩奪目的絢麗樣貌，卻能透過一點一滴的努力，累積出品德、學問上的能量，才能在人生旅途上得到無數豐收的果實。閱讀故事的時候，我們可以先想一想孔雀刻意展開亮麗的翅膀，想要給別的動物觀賞的心態；而鶴最後優雅的展翅飛翔，不屑與孔雀為伍的心態又是什麼呢？

選文

孔雀對於自己擁有美麗的羽毛感到十分驕傲，每當在路上遇到其他的動物，他總是將自己的翅膀展到最開，好向世人展現他光彩奪目的華服。

有一天，孔雀又刻意走在路上炫耀他華麗的羽衣，看到正在河邊喝水的鶴，便一如往常的展開他的翅膀，大搖大擺的在鶴的身邊走來走去，吸引他的注意。

鶴看見孔雀走過來，不住的開口讚嘆說：「你的羽毛好多顏色，好漂亮！」孔雀聽到鶴這一番話之後，開始自豪的說：「是呀！在這森林中，我還沒看過比我更漂亮的羽毛呢！我的羽毛又多、顏色又鮮豔，哪像你的又短又醜，看起來一點用處都沒有！」

孔雀才剛說完，鶴馬上就不甘示弱的將他的翅膀展開，往天上飛去，在空中盤旋了好幾圈，才又飛回孔雀的身邊，並說：「我的羽毛雖然看起來醜陋，卻使我能夠在空中飛翔。你的羽毛雖然看起來美麗，但除此之外，似乎就沒有什麼其他的功用了吧！」鶴說完後，因不想再和驕傲的孔雀攀談，轉身就飛走了，留下啞口無言的孔雀站立在原處。

錦·囊·妙·計

一、為什麼孔雀一看到別的動物經過，就會迫不及待的張開他的翅膀呢？

二、為什麼鶴跟孔雀才相處一會兒，鶴就振翼而飛，不想跟他做朋友了呢？

三、你覺得孔雀說了哪句話，激怒了鶴？

隆中對策

一、如果你是鶴，見識孔雀的膚淺低俗，你會飛走嗎？還是會有不一樣的舉動呢？

二、想一想，空有華麗外表的孔雀應該改進哪些不足，才能成為既有真才實學，又有清新外貌，所謂「內外兼具」的真實生命呢？

●修辭小學堂：排比法

文章裡面，我們常會把兩個或三個以上結構相同、語氣一致的詞語、句子或段落，排列在一起，就叫做「排比法」。排比法可以營造繁多、熱鬧、深層的感覺，增加文章的氣勢，讓讀者印象深刻。

範例：孔雀的羽毛好繽紛、好炫麗、好光彩奪目。

◎牛刀小試

溫暖在哪裡？在（________________________________），

在（________________________________），在（________

________________________）。

漫畫

走秀~~
哇！你的羽毛好多，顏色好漂亮！
嗯！可是——
你的羽毛又短又醜吔！
…
我的羽毛雖然醜陋卻使我能在空中飛翔。
你的羽毛很美，但除此之外，似乎沒有其他功用了吧！
唉唷！
這些羽毛好重，真的飛不起來。
跳~！跳~！

背犁的農夫

想一想

國父孫中山先生說：「有了學問，便有知識；有了知識，便有方法。」知識需要靠學習來豐富它的內涵，且需要方法來活用知識，讓知識能充分運用到生活當中。想一想，我們要如何把學習到的知識，靈活的應用於日常生活之中呢？

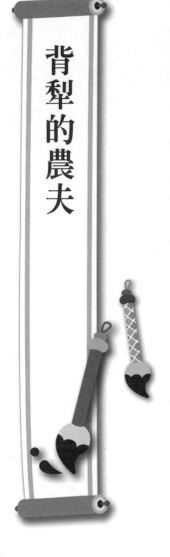

請聽我說

本故事敘述一位擁有善良的好心腸，頭腦卻十分愚笨的農夫，所做的滑稽趣事。

農夫騎著驢子，並讓牠拖著犁一起回家，途中看見驢子負擔太重而氣喘吁吁，就決定自己背著犁，再騎到驢子背上，希望能夠減輕驢子的負擔。殊不知，就算將犁扛到自己的肩上再騎著驢子，驢子負擔的重量也不會改變啊！農夫自作聰明的舉動不僅於事無補，甚至引來旁邊鄉人的嘲笑。農夫平常在知識的學習上累積不足，才會鬧出令人啼笑皆非的滑稽趣事。閱讀故事之前，可以先想一想學習知識，與應用在生活之中的重要性。

選文

某天，一位新手農夫帶著他的驢子和牛去犁田。農夫與牛在田裡辛勤工作一整天後，都疲累不堪了，農夫先讓牛去吃草，自己就帶著犁田的工具，騎著驢子回家。

農夫將犁掛在驢子的胸前，自己騎上了驢子，準備回家。但路還沒走到一半，農夫發現驢子氣喘吁吁的，似乎快要走不動了，就先牽著驢子到附近的小鎮喝水。片刻休息過後，農夫看天色漸漸黑了，必須繼續趕路回家才行，就把犁扛在自己肩上，跨上驢子說：「驢子啊驢子！天就要黑了！現在我把犁背著，你只要負責把我背回家就好了，這樣你可以走快一點了吧！」小鎮裡的人，看到農夫愚蠢的行徑後，都不禁暗自嘲笑他。

錦·囊·妙·計

一、請問農夫的舉動為何招來周遭村民的嘲笑？

二、農夫雖然愚笨，但請你想想，他有什麼優點呢？

三、請你想想，犁田既然是牛與農夫的工作，那為何農夫還要帶驢子出門呢？

隆中對策

一、如果你是農夫，你會用什麼方法，讓驢子載著犁回家，而不致於讓驢子太累呢？

二、如果你是小鎮的村民，你會用什麼方法幫助農夫呢？

三、你是否有過將書本上的知識，真實運用在生活之中的經驗呢？試舉出一個例子。

●修辭小學堂：設問法

說話行文時，將敘述語句改成問句，能使人思考，且加深印象。問句的呈現方式又可分成三種：

1. 懸問：內心有所困惑而問，問而不答的句式。

   例：為什麼那位農夫要自己背著犁啊？

2. 提問：自問自答（有問有答）式的問句。提出問句後，接著便說出答案句。

   例：天下有這麼吃力不討好的事嗎？當然是有。

3. 激問：問題表面並未提出答案，但仔細思考後，答案正在問題的反面。

   例：近朱者赤，近墨者黑。與朋友交往能不謹慎嗎？

◎牛刀小試

練習提出問題，而答案正是問題的反面（激問）。

....

....

....

....

漫畫

有一個農夫帶著他的驢子和牛到田裡去犁田。
好了，可以回家休息了！
重~！
怎麼了？太重了嗎？我想想辦法哦！
這樣好了，犁我背著，你背我就好了！
加在一起坐我背上，還不是都是我在背・・・

魚與煎鍋

想一想

孔子說：「小不忍則亂大謀。」旨在告訴我們做任何事情前，都需要深思熟慮，甚至在小地方的不如意都需要極盡忍耐，如此才能讓事情圓滿成功。想一想，我們是否有因為自己一時的衝動，反而未能完成任務的經驗呢？

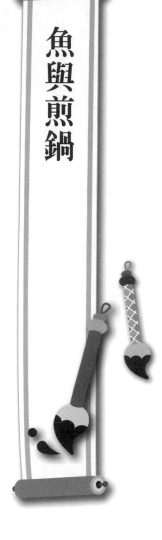

請聽我說

本篇寓言故事選自詩人魯米（Rumi）的詩〈三尾魚：為愛豪賭〉，主要是敘述慘遭捕獲的一條魚，耐不住鍋子裡的溫度，搶先在廚師翻動鍋子之前奮力往下跳，不僅沒有跳回原來的水桶，反而跳進火爐之中被活活燒死。魚慘烈而亡的恐怖景象，似乎強烈的告訴我們：「小不忍則亂大謀。」我們能否成就一件事，取決於我們是否能克制自己的欲望（如遊玩、愛吃、懶惰……等等），還有是否能夠忍耐挫折與屈辱；當我們一一克服上面所說的缺點，那成功真的就在不遠之處等著我們。

選文

幾條魚被廚師從放在地上的水桶中撈出，放到爐子上的鍋子裡煎，其中幾條魚害怕的說：「怎麼辦，這鍋子越來越熱了！再這樣下去，我們一定會被煎熟了！」另一條在鍋裡的魚說：「大家冷靜點！我們被撈出來的水桶，就放在爐子的正下方，等等廚師一定會翻動鍋子。到時，我們就有機會跳回原來的水桶裡了，大家再忍耐一下！」

眼看鍋子的溫度越升越高，廚師卻沒有要翻動鍋子的跡象，其中的一條魚忍不住大喊說：「這裡真的太熱了！我已經被燒得無法再等下去了！」說完後，就在廚師翻動鍋子的前一刻，不小心跳到鍋子下的火爐中被燒死了。

錦·囊·妙·計

一、魚原先的計畫是要在廚師做出什麼舉動的時候往下跳？

二、如果魚抓準廚師翻動鍋子的那一剎那往下跳，請問牠會被燒死，還是安然回到原來的水桶裡面呢？

三、如果你是廚師，看到快被煮熟的魚痛苦萬分的在鍋子中跳著，請問你會怎麼做？

隆中對策

一、如果你是魚，你還有什麼其他的方法能夠設法逃離這個鍋子呢？

二、想一想，自己有沒有因為開始的忍耐，在堅忍過後嘗到成功果實的甜美經驗呢？請試舉一例。

三、想一想，如果選擇了忍耐，最後卻得到痛苦的結果，那你又該如何面對呢？

●修辭小學堂：層遞法

說話行文時，要說的有三件或三件以上的事物，依事物的大小輕重，層層遞進的修辭法就叫「層遞法」。

範例：

1. 做人要從吃苦做起，吃苦要從細微處做起。
2. 籬外有四野的山，繞山的水，抱住水的岸，以及抱住岸的草。

◎牛刀小試

試造一層遞的句子。

....

....

....

....

....

....

漫畫

有幾條魚被廚師放入鍋子裡煎．．．
好熱！再這樣下去，我們一定會被煎熟的。
大家冷靜點！我們被撈出來的水桶就在爐子下方，等翻動鍋子，就可以趁機跳回去了。
不行，忍不住了，跳吧！
本來放鐵網要烤肉的，結果變成烤魚了！
那菜單換成烤魚配肉湯也不錯啊！

魯賓遜漂流記

想一想

假日休憩的時候，你是選擇坐在電腦前，玩著網路遊戲，或與朋友隨興的聊天，度過一個悠哉的假期？還是步出戶外，投入青山綠水的懷抱之中，從一花一草中俯拾生命的意義呢？

請聽我說

本故事改寫自《魯賓遜漂流記》，主要是敘述戶外求生的基本知能。宋代大思想家朱熹說：「書冊埋頭無了日，不如拋卻去尋春。」縱然是遍覽古籍，學問淵博的朱熹，依然認為書本並不能窮盡人生在世所有的事理。當我們學習書本內的知識之後，必須身歷其境的去探索發現，甚至是親身實踐，才能真正將知識融入生命歷練中。暫時拋開書本，深入大自然，並真真切切的感受鳥語花香，我們就會發現，書本內的生物，全都活躍在自己的眼前；甚至有能力在荒野中度過危機，發揮人類堅強的生命力。

選文

魯賓遜漂流到不知名的小島上，回家的日子遙遙無期，在荒島的孤絕無助下，鍛鍊魯賓遜的求生意志。

魯賓遜在擱淺的小船上備有一些糧食、武器、工具與植物種子，讓他得以在這個看似無人的荒島上苟延殘喘下去。魯賓遜在物資有限的情況之下，如何有效利用手邊的天然資源，就變得十分重要。

魯賓遜要在野地過夜，所以首先考慮的就是選擇棲息的紮營處，他考量到的條件有：第一，靠近水源。第二，陽光無法直射的地方。第三，要有屏障，以免晚上遭到動物的襲擊。

接著，魯賓遜用種子種植小麥，用陷阱捕捉山羊蓄養，衣服沒了就用獸皮製作斗篷。他覺得生活的資源算是充足，最重要的是他的心靈平靜，宛若一島之王。

在野外求生，魯賓遜知道很多事情都要自己動手做，所以，他更珍惜隨手可得的任何資源。可是命運之神不會就此放過他，他先後遭遇了海上風暴、土人的入侵，還好魯賓遜擁有的良善之心，使他感化了其中一位土人，教導他神的真理，並且與土人一同生活，那名土人還被取名為星期五。之後，他遭到來自外海邪惡海盜的威脅，但魯賓遜總是毫髮無傷化險為夷，甚至感動教誨他的敵人。

魯賓遜在荒島上度過二十五年後，才返回了他的故鄉。

錦·囊·妙·計

一、野外露營應該注意的事項：(1)靠近水源。(2)陽光無法直射的地方。(3)要有屏障，以免晚上遭到動物的襲擊。請問遵守這些規則的用意何在？

二、魯賓遜得以在無人的荒島上，苟延殘喘下去的原因為何？

三、當你在野外遇到毒蛇時，該怎樣應變呢？

隆中對策

一、你是否有過野外露營或是到郊外踏青的經驗呢？當時你遭遇到什麼新奇的事物，請敘述之。

二、當你徜徉在大自然的懷抱中，靜靜思量，反省自己的生活，對生命意義有什麼體悟呢？

三、請到野外拍攝一些花草、動物的圖片，並仔細觀察，描述它們的樣子。

妙筆生花

●作文教室：聯想

掌握一點概念或情意，從一「點」延伸成「線」，再一層一層的擴充成「面」。聯想又分為「接近聯想」、「類似聯想」、「對比聯想」。

接近聯想：兩者事物概念接近。

類似聯想：類似的事物，可以找出共同特色。

對比聯想：性質相反的事物。寫作材料貧乏時，最適合利用對比聯想法。

例如以「露營」為題：

露營
- → 接近聯想　營火、野外求生、夥伴、合作
- → 類似聯想　雜草、野獸、森林
- → 對比聯想　文明、便利、牛排、電燈

◎牛刀小試

- → 接近聯想　……………………………………
- → 類似聯想　……………………………………
- → 對比聯想　……………………………………

漫畫

有水煮晚餐就方便了！
到野外時，選擇紮營處第一要件，就是靠近水源。
第二要件是要陽光直射不到的地方。
有陰涼處就不怕直接日曬了！
有屏障就不怕野生動物的襲擊了！
第三要件就是有屏障，以免晚上遭到動物的襲擊。
媽媽！那個人占據我們的家，我們家被人類襲擊了……

小老鼠與大象

想一想

俗諺有言：「滿招損，謙受益。」驕傲自大的人內心會被自己的狂妄堵塞住，再也不能容下任何建言，生命的內涵也就此停滯不前了。想一想，自己是否時常保有謙遜的態度，不讓驕傲自大堵塞自己的成長呢？

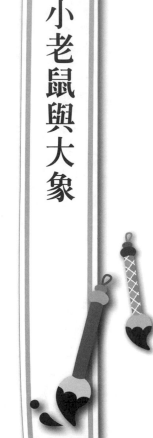

請聽我說

這篇土耳其寓言故事的寓意，實際上與「井底之蛙」如出一轍，都是諷刺沒有真才實學，卻因為高傲自滿，產生了自以為是、無所不能的優越感。然而，這種剛愎自用的態度，卻會為自己招來禍端，為什麼呢？因為驕傲會閉塞自己的生命，不能用心聆聽他人的建言，感觸他人的關懷。驕傲，讓自己變得孤單，最後會讓任何真心的關懷遠離，讓自己身處於孤立無援的窘境。

選文

小老鼠從來沒有走出過自己出生的洞穴，由於他是洞穴中最高最壯的，所以他覺得自己是世界上最強大的！他總以為自己很了不起，所以不喜歡跟比他弱小的同伴一起玩。他的興趣就是用力的在地上跺腳，並趴下來聽地球是否因此而震動。

有一天，小老鼠遠方的姑媽來探望他，看到自傲的小老鼠，不禁勸戒他說：「小老鼠呀！你快別這麼驕傲了！要是你的行徑傳到世界上最強大的動物——大象的耳中，他肯定會不高興的！」小老鼠用驕傲的口吻回答說：「大象是什麼東西呀！我用一根小拇指就可以打敗他！」姑媽聽完，搖搖頭後就走了。

自從姑媽講了那些話後，小老鼠每天都想著要挑戰他想像中弱不禁風的大象。於是他離開了洞穴，踏上找大象挑戰的旅程。離開洞穴沒多久，小老鼠見到一隻瓢蟲，就跑到他旁邊問：「你是大象嗎？我們來一較高下吧！」瓢蟲回說：「不！不！我不是大象！但憑你就想跟大象挑戰，是不可能會有勝算的！」說完就一邊嘲笑著小老鼠，一邊飛遠了。

小老鼠聽完瓢蟲說的話，感到十分生氣，就更積極的尋找大象的下落。在草叢中，小老鼠看到了一隻綠色的蜥蜴，就對他說：「你是大象吧！我要向你挑戰！」蜥蜴說：「大象比我大太多了，要是你向他挑戰，肯定一下子就會被踩扁的！」小老鼠聽完，就用力的在地上跺腳，此時天空剛好打起雷來，嚇得蜥蜴在原地不敢動，並說：「哇！原來你力氣這麼大啊！」小老鼠聽完這番話，得意洋洋的昂起頭，往前走去。

在路上，小老鼠看到前面有個體積頗大的動物，就跑過去問他：「你是大象嗎？」那動物轉過頭來對他說：「不，我不是大象。我是人類最忠心的朋友——狗。」「人類？人類是什麼呀？」小老鼠問。狗回答說：「人類是這世界的主宰者。」只見小老鼠哼了一聲，對著狗說：「不，你錯了，這世界的主宰者是我，並不是你說的人類。你瞧瞧，我的力氣能使地球震動呢！」說完就又往地上跺腳。但這次並沒有伴隨而來的雷聲，只見小老鼠趕緊自圓其說的解釋：「可能是因為這邊的土地太潮溼了，才發不出一點聲響。」說完，只見狗無奈的嘆了嘆氣，沒多說一句話就轉頭走了。

小老鼠再往前走了一陣子，突然發現前面的路，被一座灰色的小山給擋住了，他往下一看，發現那座山竟然有像四根柱子一樣粗的腳，還拖著一條長長的灰尾巴，才驚覺那是隻動物。小老鼠奮力的跑到那動物的旁邊，大聲的問：「你是大象嗎？」正在喝水的大象，抬起頭來看看四周，並沒有發現他。小老鼠趕緊跑到離大象最近的一塊石頭上說：「嘿！我在這裡！」大象看到他之後說：「是呀！我就是大象。你找我有什麼事嗎？」小老鼠回答：「我是來向你挑戰的！」只見大象輕輕的笑了笑，便低下頭繼續喝水了。

不服氣的小老鼠，見狀後氣得滿臉通紅。他為了想讓地球再次震動，於是站在大石頭上來回奔跑跺腳，這次仍然沒有發生巨大的聲響。過了好久，大象才發現小老鼠在一旁像跳舞般的跑來跑去，就戲謔似的將鼻子灌滿水，噴在小老鼠的身上。小老鼠被大象噴水，從石頭上落下，那些水幾乎要將他給淹死了，嚇得小老鼠趕緊逃走。

終於認清事實的小老鼠，奄奄一息的走回洞穴，從此變了一個人，不敢吹噓自己有多麼厲害、多麼偉大了。

錦·囊·妙·計

一、小老鼠最喜歡做的事是什麼？

二、你覺得是什麼原因讓小老鼠養成自大驕傲的心理？

三、如果你是小老鼠，發現自己實在很渺小的事實，你該如何自處呢？

隆中對策

一、看完上面的故事，你能理解「井底之蛙」這一成語的涵義嗎？請用此成語造一句子。

二、「讀萬卷書，行萬里路」，接觸外面的廣大世界，見識到世界還有許多比自己更優秀的人，小老鼠心灰意冷的回到洞穴。想一想，我們該如何幫助牠，才能使牠重新振作起來，以謙虛的姿態重拾自信心呢？

三、人因夢想而偉大，卻因自大而渺小，想一想，我們應該以何種態度，既能懷抱美好的夢想，又不會因為些微成就而驕傲了起來呢？

妙筆生花

●作文教室：句型練習

1. 清楚描述自己喜歡的動物。
2. 從蒐集的資料或書中，找出一種動物，為大家進行說明，必須同時運用老師所指定的句型。

範例：

「不僅……還……」：小老鼠不僅有一條長長的尾巴，還會用尖銳的牙齒咬破米袋，偷吃東西！

◎牛刀小試

利用句型「不僅……還……」描寫大象。

陸地上最大的動物……
哼！我用一根小拇指就可以打敗他了！
才怪，大象很強吔！你才不是他的對手！
哼！我去挑戰給你看。
大象，我要向你挑戰！
嘖？
怎麼好像有人在叫我？
啊！
小老鼠的挑戰還沒開始就宣告結束了！

孩子與小白兔

想一想

老子說：「禍莫大於不知足，咎莫大於欲得。」旨在告誡我們不去節制欲望，放縱它任意擴張，終究會因為欲望橫流而犯下無可挽回的過錯。想一想，為什麼不能節制欲望所伴隨的結果，往往都是令人後悔的罪過呢？

請聽我說

本故事改寫自伊朗的寓言故事〈孩子與三色魚〉，述說一個淺易卻亟須去實行的道理，即是「知足常樂」。故事的女主角原本過著平淡安和的生活，沉浸在濃郁甜美的幸福中。然而，在她許下願望之後，父母親不僅變得嫌貧愛富，更封閉女孩的行動，圈限著她的自由，女孩知道原本樸實善良的父母親，逐漸被錢財牽引出的欲望遮蔽了，再也無法以真誠待人，同情關懷身邊的朋友。於是，女孩寧願回到從前那個平淡無奇，卻能胼手胝足，編織出幸福的平凡家庭。閱讀故事前，不妨先想想，當我們感受到幸福時，我們應該要以怎樣的心態去保持這份幸福，而不讓它瞬間流逝呢？

選文

好久好久以前，一個小國家的山上，住著一戶幸福的人家，爸爸以砍柴維生，媽媽負責家務，而他們的女兒就在美麗的森林裡與爸媽快樂的生活長大。

直到有一天，爸爸砍柴時不注意，而被木柴壓傷，媽媽此時也生了一場重病，在不得已的情況下，全家的家計就落到了女孩身上，女孩只好每天到森林裡，採些水果到山下賣。有次，女孩如往常般上山採水果，看到一隻被困在荊棘裡的小白兔，牠的腳被荊棘刺傷，血流如注。女孩趕緊將小白兔救出來，用隨身攜帶的藥草幫牠包紮好，正準備轉身離開時，小白兔竟然開口說話了。

「謝謝你幫助我，我偷偷跑出來玩，沒有告訴家人，已經被困在這裡三天了，他們現在一定擔心死了！」小白兔又說：「為了謝謝你，我要送你一枝魔法鉛筆，凡是用這枝筆畫出來的東西，都會變成真的！」說完，小白兔放下那枝鉛筆後就跳走了。

半信半疑的女孩在回家的路上，隨手拿起一片葉子，用魔法鉛筆畫了一座城堡，沒想到城堡漸漸變大，變成了一座氣勢雄偉的大城堡。女孩趕緊回家找爸爸媽媽來看，他們進到城堡中一看，連內部裝潢都十分漂亮，之後一家人就搬到城堡中生活了。他們又陸續用魔法鉛筆畫了許多金銀財寶，現在女孩一家人變得好富有。

但是自從住進大城堡後，媽媽就不准女孩出城，深怕壞人把她綁走，也不准女孩去山下找朋友，因為爸爸嫌他們窮，不准他們與女孩來往。一家三口幾乎每天都待在城堡裡，而且對他人越來越刻薄，再也不與外界接觸，過著封閉的生活。現在的生活雖然比以前富裕穩定，但女孩卻感覺不到一絲喜悅，她好想念以前的生活——一家人住在小房子中優閒自在的生活。

有天夜晚，女孩趁爸媽入睡後，一個人偷偷的跑到森林裡，大喊著：「小白兔！小白兔！你在哪裡！我不要你的魔法鉛筆了！」小白兔聽見女孩的聲音後，立即跳了出來，女孩一五一十的將得到魔法鉛筆後發生的事情告訴了小白兔。聽完後，小白兔問女孩：「那我現在應該怎麼幫你呢？」女孩說：「可以請你將得到魔法鉛筆前的生活還給我嗎？」小白兔說：「這個簡單，你只要把魔法鉛筆燒成灰，在日出的時候將灰燼撒在森林中，這樣就可以了。」

聽完小白兔的話，女孩立刻就依照小白兔說的，把鉛筆燒成灰，並撒在森林中。

當她從森林裡回家時，看到本來在路邊的城堡不見了，於是女孩繼續往前走，走到原本的家時，看到爸爸媽媽站在小木屋前，雖然穿著破舊的衣服，但像往常一樣的微笑著等女孩回家。

錦·囊·妙·計

一、魔法鉛筆的使用方法與破解方法是什麼呢？

二、女孩的父母因為哪件事，變得嫌貧愛富起來了？

三、故事中的女孩，為什麼不願居住在富麗堂皇的城堡，而寧願回到從前那個簡單樸素的小木屋呢？

隆中對策

一、如果你是女孩的父母，會因為擁有龐大的資產而嫌棄貧窮的人家，輕視窮苦的鄰居，而禁止女孩跟他們一起玩嗎？

二、你覺得什麼才是人生追求的目標，是擁有物質富裕的生活，還是平安喜樂，能讓心靈獲得安穩祥和的生活？

三、想一想，許多人為什麼擁有充足的財富，就會產生高人一等的優越感，以財富的多寡來衡量一個人的價值。如果是你，你會這麼做嗎？

●**作文教室：修飾句**

利用各種修辭法造句。

範例：

她頭戴帽子，身穿洋裝，很美麗。

修飾句：女孩頭上戴著藍色的帽子，身穿粉紅色的洋裝，看起來像一朵盛開的花。（視覺摹寫+比喻法）

◎牛刀小試

放學途中，下雨了，汽車開過來，噴得我一身濕答答。

修飾句：……………………………………………………………

……………………………………………………………………

……………………………………………………………………

……………………………………………………………………

漫畫

哇！城堡變成真的了！
我們現在可是有錢人了，你不准離開城堡！
會被壞人綁走的。
小白兔，我不要你的魔法鉛筆了！
我要以前的生活！
女孩照小兔子說的，將鉛筆燒成灰撒在森林中，回家時城堡不見了，爸媽像往常一樣站在家門前，微笑的等她回家。

石頭丟到哪裡

想一想

「幸福永遠不會光顧那些不珍惜自己所有的人。」想一想，如果恣意浪費現今擁有的，卻不懂得珍惜與感激；當幸福遠去時，自己才急切的去尋找真正原因，到底該怪罪誰呢？

請聽我說

本故事是流傳在以色列的民間故事，訴說著人世間多數悔不當初的結局。故事中的富商揮霍無度，因為利欲薰心，掩蓋了自己對周遭事物的同情，毫不珍惜自己現今所擁有的幸福，只是一味消磨那短暫擁有的錢財，而那些外在的財富，也因為他的奢靡而消耗殆盡。因為不知感激現今所擁抱的幸福，幸福遲早會成為過往雲煙。而散盡家財換來的，是當初丟棄的亂石雜木；揮霍幸福所換取的，是本來無一物的空洞虛無。閱讀故事時，我們可以思考老人對富商說的一段怪異的話：「你怎麼把這些石頭從『不是你的地方』丟到『你的地方』呢？」

選文

某地有個富商，住的地方離海邊很遠，但他又想要隨時到海灘散步，所以就想到要把他豪宅後方的大花園改建成沙灘。動工初期，工人們為了先清空花園，除了將原本種在花園裡的花全部拔除，還將造景用的石頭全往花園的圍牆外丟。那些被丟到牆外的石頭漸漸形成一座小山，擋住了附近居民的主要道路，大家只好繞道而行。

一位住在附近的老翁實在看不下去了，就跑去找富商理論：「你怎麼把這些石頭從『不是你的地方』丟到『你的地方』呢？」富商覺得這位老翁說的話怪怪的，便回說：「你在說什麼呀？這花園是我的，我愛怎麼使用就怎麼使用。何況，我是將這些石頭從『我的地方』丟到『不是我的地方』才對吧！」老翁聽完回答：「上帝對你太好了，才讓你覺得現在擁有的都是永恆不變的。」老翁說完，搖搖頭便走了。

聽完這番話的富商，並沒有想太多，一心期盼著他的人工海灘快點完成。時間一年一年的過去，富商因為生活過於奢侈，賺錢的速度遠不及花錢的速度快，漸漸的失去了所有的財產。他只好將原本的豪宅賣出，自己則搬到附近原本是給僕人住的宿舍中。

有天，這位富商走到豪宅附近散步時，看到一堆石頭擋住了眼前的去路，這才發現，這些就是當初他從花園裡丟出的石頭。他忽然想起那老翁對他說的話：「你怎麼把這些石頭從『不是你的地方』丟到『你的地方』呢？」才恍然大悟當初老翁想要告誡他的事情為何。

錦·囊·妙·計

一、落魄的富商最後搬到何處？

二、故事中的富商原本的生活態度為何？老人為何說出：「你怎麼把這些石頭，從『不是你的地方』搬到『屬於你的地方』呢？」

三、如果你是富商，會以何種心態維持你現今所擁有的幸福呢？

隆中對策

一、一夕致富的暴發戶揮霍財產，奢侈無度的後果往往導致家破人亡，這種報導在現今的社會裡屢見不鮮。請問，為什麼有些一夕致富的人往往沒辦法維繫資產，從坐擁金銀財寶到坐困愁城的過程中，他究竟犯下了什麼錯誤呢？

二、故事中的老人說出一番懸疑的話，讓富商百思不解，如果你是老人，你會義正辭嚴的勸誡富商，還是不把話說明白，讓富商自己思考呢？

三、想一想，富商把綠意盎然的花園改建成沙灘，會對環境造成何種破壞和影響？

●作文教室：情境聯想

「未來世界的聯想」

文中的富翁了解他因為過度揮霍，如今變成了乞丐的教訓後，當下有了些想法……現在讓我們穿越時光隧道，來到二十年後的未來世界，你看到當時的乞丐富翁現在處在什麼情境中？

①未來二十年後的乞丐富翁，他的食物、衣服、房子、交通工具是什麼？

……………………………………………………………………

……………………………………………………………………

②未來二十年後的國家、家庭和學校有什麼不同？

……………………………………………………………………

……………………………………………………………………

③你在這趟未來世界旅行裡還有什麼發現，或是有什麼聯想？

……………………………………………………………………

……………………………………………………………………

漫畫

是！
花園裡不要的石頭，丟到外面就好了！
你丟出去的石頭已經擋住我們的道路了！
哼！
居民們都不能走原本的路了！
拿去，不用找錢了！
謝謝光臨！
富商生活奢侈，賺錢的速度遠不及花錢的速度……
富商失去了所有的財產，只好移居至僕人住的宿舍中，而擋住出入口的石頭路，就是他當初丟出花園的石頭。

馬西拉羅皮亞的織工

想一想

「天生我才必有用。」說明無論是王侯將相，或是販夫走卒，只要能徹底發揮自己的才能，便能擁有高貴的生命價值了。想一想，你有沒有努力展現自己獨特的生命價值呢？

請聽我說

本故事是流傳在印度的雋永小品文，清新平淡的故事結局帶有深刻的寓意。主角薩加拉達塔得到了小精靈的許願承諾，開始思考自己內心深處最真誠的心願為何？經過深思熟慮，他依然認為擁有一臺小織布機，編織出無數繽紛華麗的地毯，才能讓他感到愉悅，讓生命感到滿足。原來，發揮生命最璀璨的價值並不在於名利財富，而是燃燒自己的生命力量，盡展自我獨特的長才，憑著自立自強的成就感，使人生富足充實，這才是人生最真實的意義，不是嗎？

選文

從前有一個名叫薩加拉達塔的織地毯工人，住在印度南部的馬西拉羅皮亞城。雖然他一年只織得出一條地毯，但因為他的織工很細，所以地毯非常美麗，但每年賣一條地毯的錢，只勉強夠他們家度過一年。

有天，當他一年一條的地毯就要完工時，織布機卻突然壞掉了。這樣的突發事件讓他不得不停下來開始修理織布機。仔細檢查一番後，他決定拿著斧頭出去砍些好的木頭，替補斷掉的地方。

就在薩加拉達塔看過整片森林的樹後，他決定要砍下靠近海邊懸崖的那棵樹。正當他拿著斧頭要往樹砍下去時，突然聽到有人對他說：「請你不要將這棵樹砍倒好嗎？」「是誰在跟我說話？」薩加拉達塔看到四周無人，就好奇的問。「我是森林裡的精靈。這棵黃楊樹是我的家，我在這裡住得十分舒適，可以看到海景、吹到海風，樹上又有足夠的空間讓我休憩。我願意給你一個願望，來換取這棵樹。」薩加拉達塔沒想多久，很快就答應了，但他覺得必須先回去跟家人討論願望的內容才行。

薩加拉達塔邊想邊走回家，在路上遇見了他的好朋友，好朋友問他：「你怎麼看起來如此心不在焉？發生了什麼事嗎？」薩加拉達塔就將事情的原委告訴了他。一聽完，朋友馬上就說：「這有什麼好考慮的！你就跟那精靈要一個王國，這樣你就可以當上國王，每天不愁吃、不愁穿，還可以請我當你的大臣呢！」薩加拉達塔聽完覺得很對，但還是堅持必須先與家人討論之後再做決定，就繼續往家裡的方向走。

薩加拉達塔回到家後，把在森林裡發生的事告訴了他的老婆，也把好朋友的建議一併講了出來。他的老婆聽完後說：「你朋友的建議一點也不好，要是你真的做了國王，要操心的事會變得繁雜起來！身邊的人也會因為你的錢財而來，從此之後就不容易交到好朋友了！」薩加拉達塔覺得老婆說的話很有道理。老婆接著說：「對你來說，比喜歡我更喜歡的事情，不就是織布嗎？那你就去向那精靈要一臺一天想織多少就有多少布的織布機吧！」薩加拉達塔聽完，覺得老婆說得挺有道理的，就決定向精靈許這個願望。

隔天，在薩加拉達塔要去找精靈的路上，他想著，如果那織布機都將圖案及顏色決定好，而他每天做的只是坐在織布機前織布的話，那樂趣何在呢？就只是為了賺錢而天天織布嗎？越想越煩惱的薩加拉達塔，終於到了精靈的面前，對精靈說：「我什麼都不要，你只要把我原本那臺織布機修好就行了！」精靈聽完就對他說：「回家吧！你的織布機已經修好了！」

回到家中的薩加拉達塔發現織布機真的被修好了，於是趕緊坐下，繼續織那未完成的地毯。他日日夜夜不休息的織布，完全沒發現好朋友來探望他，及他的老婆來幫他送食物。終於完成了一條地毯，他覺得自己好幸福！他本來可以統治一個王國，不愁吃穿，可是卻沒有一個真心的朋友；也可以變成有錢的商人，卻要每天擔心錢財的失去。但現在他拿著唯一的一塊地毯到市集賣，聽到路人對地毯的讚嘆，所得到的滿足，是什麼都比不上的！

薩加拉達塔到死前仍然沒有掙下許多錢，但他好手藝的名聲卻遍及全國，雖然他過得辛苦，但因一生都在做自己喜歡的事而感到很幸福。就像印度的一句格言：「人只有勞動才能使願望實現。什麼叫作命運？不過是人為的事情。」薩加拉達塔就算死後，大家還是記得他所編織出的地毯是多麼美麗與扎實！

錦·囊·妙·計

一、請問小精靈的家位在森林的哪個地方呢？

二、如果你是薩加拉達塔，你會向精靈許什麼願望？

三、為什麼薩加拉達塔最後只希望小精靈修好他的縫紉機，而不許願當上統御天下的國王，或是擁有豐厚財產的大富翁呢？

隆中對策

一、如果你擁有權力與財富，卻不能擁有快樂，也找尋不到生存在這世上的意義價值，你還會汲汲營營追求財富與權力嗎？

二、小朋友，你將來的志願是什麼？你要如何達成這個志願呢？

三、印度的警世格言：「人只有勞動才能使願望實現。什麼叫作命運？不過是人為的事情。」請問你是否能體會這句話的涵義？寫下你對於此格言的體悟。

●作文教室：刪節號的運用

句末用刪節號（……），能使文句餘韻無窮。

範例：

薩加拉達塔如果向小精靈許了願望，也許他未來就能不愁吃、不愁穿、當上富翁或國王……真是太幸運了！

◎牛刀小試

使用刪節號完成一個完整句子。

漫畫

請你不要砍倒
這棵樹好嗎？
只要你不砍樹，
我可以給你許一
個願望唷！
要變成國王，
還是……
煩呀~！
一臺想織多少就有
多少布的織布機呢？
最後，他許了一個願望，只要
把原本的織布機修好就行了！
修好了！
謝謝你！
做自己喜歡的事才是幸福。

放下手中的石頭

想一想

《聖經》說：「我的子民們，我們相愛，不要只在言語和舌頭上，總要在行為和誠實上。」這句話告訴我們要真誠關愛家人、朋友，和這個社會。當我們真誠的關愛別人，就會諒解他犯的一些小錯誤，紛爭減少了，和諧增多了，我們的生活便會更加祥和。

請聽我說

本故事改寫自《聖經》，敘述以慈愛關懷世間的耶穌，拯救被判以亂石砸死的妓女。當時猶太人被羅馬帝國統治，需奉行羅馬帝國的法律，其法律明訂「不可以私刑傷害人命」。但猶太人卻依照摩西的律法「犯姦淫罪應被處以受亂石扔擲而死的刑罰」。反對耶穌的猶太人，不僅故意要使耶穌在羅馬律法與摩西律法的抉擇上陷入矛盾，更要他在社會的法律與愛護生命的理念上陷入兩難。面對公義與慈愛相互牴觸的耶穌，悲憫的看著眾人，要大家思考：「難道我們這一生都不會犯錯嗎？何必過度苛責犯錯的人呢？」警惕世人，不但時時需約束自己，不讓自己的作為妨礙到其他人，更需有容忍的雅量，同情別人的過錯而不過度苛求，這樣才能真正實現「慈愛」的精神。

選文

耶穌基督所創立的基督教義，主張關愛世界上每一個人，用慈愛的心關懷這個世間，也要以關愛的心訂立出能讓世人奉行的公正法律。耶穌一生都在宣揚他的信念，至死不渝。然而，當時信奉猶太教的極端份子卻刻意抵制耶穌以及耶穌的理念。

一日，當耶穌在聖殿講解慈愛的義理時，猶太教的激進份子刻意至聖殿搗亂；他們將出賣自己身體以換取金錢，而犯下淫亂罪行的妓女拉到廣場上，故意在耶穌面前審判她。廣場上的眾人依猶太人所依據的摩西律法，紛紛拿著堅硬冰冷的石塊，要將妓女活活的砸死，以維護當時的法律。這時，主事者語帶挑釁的質問耶穌：「這個妓女犯了淫亂罪，是個不潔淨的靈魂，我們要行亂石砸死的懲罰，請問你對這罪惡的靈魂有什麼看法呢？」

耶穌先是沉默不語，用樹枝在地上寫了一段文字，接著抬頭，用憐憫的眼神環視整個廣場，說道：「你們中間誰從來都沒有犯過錯的，就可以拿起石頭砸她；反之，如果大家都曾經犯過錯誤，就放下手中的石頭吧！」語畢，廣場上的眾人，省思自己一生的所作所為後，一個個扔掉握在手裡的石頭，不發一語的離開。廣場上只剩下哭泣的妓女和耶穌。耶穌對那個女子說：「我也不定你的罪行，離開吧，不要再犯錯了。」妓女聽了既羞愧又感激得淚流滿面，站在講道的聖殿，深深悔悟自己不堪的過錯。

錦·囊·妙·計

一、請問耶穌認為世界上最重要的事情是什麼呢？

二、激進的猶太人要對犯下淫亂罪的婦女施予怎樣的懲罰呢？

三、最後大家並沒有對犯罪的婦女給予懲罰。請問是因為發現她並沒有犯錯？還是有其他原因呢？

隆中對策

一、耶穌用樹枝在地上寫了一段文字，當家人看見地上的字與聽到耶穌說的話，紛紛丟掉手上的石頭，原諒犯錯的婦女。請問你覺得那段文字的內容是什麼呢？

二、請問你有犯錯的經驗嗎？你犯錯的時候對於其他人的苛責有何感想呢？

三、如果朋友犯了錯，你會選擇無條件的原諒他，還是有其他更好的作法呢？

●修辭小學堂：誇飾法

描寫事物時，故意誇張鋪飾，超過客觀事實，以吸引人注意，這就是「誇飾法」。

範例：

妓女聽了耶穌基督的教誨後，感到既羞愧又感激，她痛哭流涕的懺悔，並發一萬次誓保證自己絕對不會再犯錯。

◎牛刀小試

①句子：她跑得很快。

誇飾句：……………………………………………………

……………………………………………………………

②句子：他的聲音很尖銳。

誇飾句：……………………………………………………

……………………………………………………………

漫畫

她犯了該以亂石砸死的罪！
你們之中，
有誰從來沒有犯過錯的？
呃？
這個……
對不起！我好羞愧！
我不會再犯
這種錯誤了！
離開吧！
不要再犯錯了！

大重點．小整理

篇名	捕蟬之道	完成使命的狗
導讀重點	凡事如能專注用心，並堅持下去，生命將比別人豐富。	人生在世能否擁有一段坦誠真摯的友誼，讓我們捨棄自己的生死，全心全意為知己付出呢？
閱讀提問（第一組）	1. 在竿頭上放置泥丸子訓練捕蟬的技巧，主要是訓練哪方面的能力呢？ 2. 老人是如何運用竹竿捕蟬的呢？ 3. 如果駝背老人不用堅持專注的精神捕蟬，那他還能捕得到蟬嗎？為什麼？	1. 黃耳在送信的路途中，所吃的糧食是什麼呢？ 2. 在古代，人們可以運用哪些方法送信呢？ 3. 如果你是黃耳，你還會想出何種辦法，既能將信安全送達老奶奶的手裡，又不致筋疲力竭，最後過度勞累而死呢？
閱讀提問（第二組）	1. 如果你專注用心，在一件事情上面持續不懈，會獲得怎樣的結果呢？ 2. 請問「捕蟬之道」的「道」，代表何種意涵呢？ 3. 想一想，你有沒有從平常細微的事物當中，發現一些人生的大道理呢？	1. 想一想，為什麼黃耳用盡自己的力量，最後甚至付出自己的性命，只為了幫主人陸機送信，牠是懷持著何種信念才做出如此大的犧牲呢？ 2. 如果你是陸機或老奶奶，你會怎樣幫助送信但過於疲勞的黃耳，不讓牠因疲憊致死呢？ 3. 請想想你平生相遇交往的好朋友，寫下他的姓名與優點，並想想能在他們身上學習到什麼做人處世的道理呢？
閱讀層次	直接提取訊息 推論	理解分析歸納
寫作層次	文章的開頭	譬喻法
寫作練習	文章的「開頭」就像見面時給人家的第一印象，所以，文章的開頭相當重要。學生作文常以「有一天」、「早上」、「很久以前」、「天亮了」作為開頭，這樣顯得較為通俗，無法出奇制勝。文章的開頭，如何能吸引人？例如以「早上」為開頭，可利用情境說明時間點。如：「一聽到鬧鐘響起，我一刻也不敢延遲，火速奔向浴室，抓了牙刷，就怕趕不上晨讀的活動。」	利用一般人較熟悉，形象較具體，通俗淺顯的事物來比擬另一件較抽象、陌生的事物，這就是「譬喻法」。 範例： 1. 黃耳這隻狗彷彿是陸機家中的好幫手，凡是主人交代牠幫忙的事情，總能像快遞員般使命必達！ 2. 經過漫長的車程，總算到了目的地。一下車，孩子們都成了脫韁的野馬，四處奔跑跳躍，高興極了！

大重點．小整理

篇名	王六郎	釋鹿得人
導讀重點	當一個人以真誠善良的心對待周遭的親人與朋友時，身旁的人也會以真誠善良的心回應之。	關愛他人，也使他人能以仁愛互相對待，在彼此提攜扶持之下，災禍也從此漸漸遠離。
閱讀提問	1. 做水鬼的王六郎如何幫助許生呢？ 2. 許生知道王六郎是水鬼之後，心情上有什麼轉化呢？ 3. 為什麼天帝會讓原本是水鬼的王六郎升官，成為土地公呢？ 1. 想一想，你幫助人之後的心情通常是如何？又如果獲得的是喜悅，那為何有這樣的心情呢？ 2. 許生看到掉落河水的婦人，雖然想過去拯救她，但如果拯救她的話，朋友王六郎就要繼續泡在冰冷的水裡了，如果你是許生，你會怎麼做呢？ 3. 故事中的許生因為平時樂善好施，心懷慈悲而得到水鬼的報答。如果水鬼最後並未報答許生，許生還會繼續跟他做朋友嗎？為什麼？	1. 為什麼當初國君要將秦西巴趕出王宮？ 2. 如果你是國君，看到秦西巴釋放小鹿，你會把他逐出宮外嗎？為什麼？ 3. 如果你是秦西巴，被國君逐出宮後，你還會回到王宮，繼續教王子讀書嗎？為什麼？ 1. 你覺得故事中的國君孟孫，具有怎樣的性格呢？ 2. 想一想，為什麼被國君趕出王宮的秦西巴，最後還是接受教導王子的職務，而不埋怨國君當初霸道的判決呢？ 3. 你認為好的領導者需要具備怎樣的特質？
閱讀層次	理解評論	直接提取訊息 評論
寫作層次	心智圖的運用	人物描寫
寫作練習	很多學生面對題目寫不出文章來，如何解決寫不出來的窘境？可以試著運用心智圖的思考模式，蒐集寫作材料。 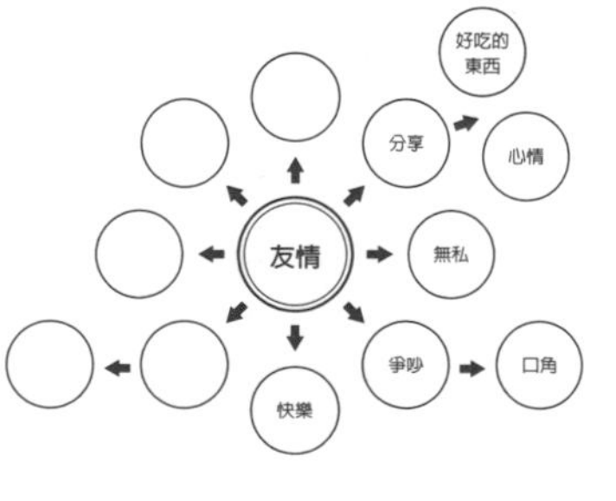	描述人物最常犯的缺點就是缺乏「具體描寫」。 範例：秦西巴富有憐憫之心。 秦西巴富有憐憫之心，他看到母鹿不顧危險，跑到籠子旁要見小鹿最後一面，感到於心不忍，於是寧可違背國君的命令，把小鹿給放了。（將秦西巴的憐憫心具體化，文句才會深刻動人。）

大重點·小整理

篇名	代罪羔羊	黃雀報恩
導讀重點	一個人如果能發揮自己本有的仁心，與人相處時，大家會因為你的善良而親近你、幫助你。	當我們受到別人的幫助與恩惠時，應該無時無刻懷抱感恩的心情，給予最真誠的回報。
閱讀提問	1. 請問齊宣王在什麼時候覺得祭祀的牛很可憐？ 2. 羊和牛都有生命，為什麼齊宣王可憐牛隻要活生生被宰殺，卻使用羊代替牛祭祀呢？ 3. 為什麼孟子要用祭祀牛羊的事件勸誡齊宣王，這和使百姓安居樂業有什麼關係呢？ 1. 當你遇見受傷的小動物在地上苦苦哀號，你有什麼感覺呢？請問這是不是孟子所說的「仁」心呢？ 2. 為什麼齊宣王平時貪圖享樂，荒廢政事，但孟子依舊認為他可以推行仁政呢？ 3. 為什麼孟子認為只要施行「仁政」，就能統一天下？請問「仁政」究竟是什麼呢？	1. 故事中的黃雀被哪兩種動物攻擊，而變得奄奄一息？ 2. 黃雀送給楊寶四枚白環，具有什麼神奇的魔力呢？ 3. 請寫下楊寶醫治黃雀的整個過程。 1. 當你幫助別人的時候，你希望他們也會給予你一些回報嗎？為什麼呢？ 2. 如果你幫助了別人，他卻還予惡劣的回應，請問你還會繼續幫忙他嗎？為什麼？ 3. 黃雀認為四枚白環可以保佑楊寶一家人為官清廉正直。如果失去了白環，楊寶的子孫真的就會失去清廉正直的作風了嗎？為什麼？
閱讀層次	理解分析	直接提取訊息 評論
寫作層次	寫景技巧	人物描寫
寫作練習	描寫景物的技巧，除了具體描繪外，更重要的是要情景交融，加入情感於景物中，才能深刻動人。	將對事物的感受，不管是看到、聽到、聞到、摸到、吃到……的感覺，用文字加以形容或描寫出來，就是「摹寫」。 範例： 一大早，麻雀們就在窗前吱吱喳喳的說個不停。（聽學摹寫）

大重點・小整理

篇名	知母草	石獅子開口
導讀重點	做人處事須秉持恭敬與忠信的心懷，只要我們表現出和善的真誠，身旁的人也同樣會付出他們的真心。	知足常樂才能杜絕貪婪的擴張。當我們學會欣喜生命中一點一滴的小滿足，內心深處也會豐盈著安樂的喜悅感。
閱讀提問	1. 為什麼老婆婆會訂出「誰認我作娘，我就傳授他認草藥的知識」的規定呢？ 2. 請問官員用何種方式侍奉老婆婆，希望老婆婆傳授他草藥知識呢？ 3. 如果你是老婆婆，你會將草藥知識傳授給富翁與官員嗎？為什麼？ 1. 如果你是那對夫婦，當整個村莊的村民感染了疾病，需要你去救治的時候，你會向村民收取醫藥費嗎？為什麼？ 2. 你覺得老婆婆訂立侍奉她為母親，就能傳承她的知識的規定合不合理？為什麼？ 3. 為什麼老婆婆要選擇將高深絕妙的草藥知識傳承給這對貧窮夫婦，而不是頭腦敏捷，能快速熟悉醫學知識的聰明人呢？	1. 石獅子為什麼會咬著地主不放呢？ 2. 同樣希望得到財富，為什麼阿林得到石獅子施予的財富，過著安樂的日子，而大地主卻嘗到慘痛的教訓呢？ 3. 你是否知道「人心不足蛇吞象」這個成語？想一想，貪心想要獲得一切，究竟會產生何種後果呢？ 1. 想一想，你比較想擁有知足常樂而安居樂業的人生？還是積極想要創造財富，卻不擇手段的人生？為什麼？ 2. 如果你是阿林，當你將財富用盡至一貧如洗的地步的時候，你會再去石獅子面前，懇求祂再一次地幫助你嗎？為什麼？ 3. 如果你是地主，嚐到慘痛的教訓之後，如果你能心存感謝，你會感謝誰呢？為什麼？
閱讀層次	分析歸納	分析歸納 推論
寫作層次	語詞理解與應用	擬人法
寫作練習	運用四字詞語寫短文：氣定神閒、虛情假意、奄奄一息、榮華富貴、世世代代、漫無目的、山珍海味、沿街叫賣	為了讓表達更生動，想像更豐富，我們常常會在說故事或寫作時，將物當作人來描述，使它們具有像人類一樣的動作或感情，這就是「擬人法」。 範例： 我是個能分辨人心善惡的石獅子，看盡了人世間各式各樣的窮人，雖然不能幫助全天下的窮人，但我希望世間的人們能了解到「知足」的重要性。

大重點．小整理

篇名	司馬光破缸救人	孔雀與鶴
導讀重點	培養臨危不亂，臨事不懼的處事能力，不僅需要異於常人的膽識勇氣，和抵擋災難忽然降臨的抗壓性，最重要的是，要擁有隨機應變的機警與謀略。	通過學習、修養蘊藏在生命之中的力量，比起外表光鮮亮麗，卻無任何內涵的生命，實在是堅強、厚實許多。
閱讀提問	1. 如果你是司馬光，會以什麼不同的方式拯救快要溺斃在水缸裡面的朋友呢？ 2. 如果在當時只有一堆石頭，除了用石頭把水缸打破的方法外，請問你會怎樣利用這些石頭來拯救快溺斃在水缸的小孩？ 3. 如果你是那個快要溺斃的小孩，你要怎樣應變，才能不讓情況繼續惡化，讓別人有充裕的救援時間來搭救你呢？	1. 為什麼孔雀一看到別的動物經過，就會迫不及待的張開他的翅膀呢？ 2. 為什麼鶴跟孔雀才相處一會兒，鶴就振翼而飛，不想跟他做朋友了呢？ 3. 你覺得孔雀說了哪句話，激怒了鶴呢？
	1. 你是否有遇到緊急事情發生，卻能獨自應變，妥善處置的經驗呢？請寫下來。 2. 請你尋找關於司馬光的其他故事，並講述給我們聽。 3. 司馬光有著遇事不懼的勇氣與處變不驚的機智，請問該如何培養這種勇氣與機智？	1. 如果你是鶴，見識孔雀的膚淺低俗，你會飛走嗎？還是會有不一樣的舉動呢？ 2. 想一想，空有華麗外表的孔雀應該改進哪些不足，才能成為既有真才實學，又有清新外貌，所謂「內外兼具」的真實生命呢？
閱讀層次	評論	理解推論
寫作層次	引用法	排比法
寫作練習	在文章的敘述中，我們有時會穿插一些典故、俗語、故事或是家喻戶曉的名言佳句……，這就是「引用法」。 「引用法」可以增加文章的說服力，達到使人信服的目的，讓人家更認同你的說法。 範例： 英國諺語說：「處順境時必須謹慎，處困境時必須冷靜。」如同司馬光一樣，他越是在危急的時刻，越是懂得冷靜思考。	文章裡面，我們常會把兩個或三個以上結構相同、語氣一致的詞語、句子或段落，排列在一起，就叫做「排比法」。排比法可以營造繁多、熱鬧、深層的感覺，增加文章的氣勢，讓讀者印象深刻。 範例： 孔雀的羽毛好繽紛、好炫麗、好光彩奪目。

大重點．小整理

篇名	背犁的農夫	魚與煎鍋
導讀重點	知識需要靠學習來豐富它的內涵，且需要方法來活用知識，讓知識能充分運用到生活當中。	我們做任何事情前，都需要深思熟慮，甚至在小地方的不如意都需要極盡忍耐，如此才能讓事情圓滿成功。
閱讀提問	1. 請問農夫的舉動為何招來周遭村民的嘲笑呢？ 2. 農夫雖然愚笨，但請你想想，他有什麼優點呢？ 3. 請你想想，犁田既然是牛與農夫的工作，那為何農夫還要帶驢子出門呢？ 1. 如果你是農夫，你會用什麼方法，讓驢子載著犁回家，而不致於讓驢子太累呢？ 2. 如果你是小鎮的村民，你會用什麼方法幫助農夫呢？ 3. 你是否有過將書本上的知識，真實運用在生活之中的經驗呢？試舉出一個例子。	1. 魚原先的計畫是要在廚師做出什麼舉動的時候往下跳呢？ 2. 如果魚抓準廚師翻動鍋子的那一剎那往下跳，請問牠是會被燒死，還是安然回到原來的水桶裡面呢？ 3. 如果你是廚師，看到快被煮熟的魚痛苦萬分的在鍋子中跳著，請問你會怎麼做？ 1. 如果你是魚，你還有什麼其他的方法能夠設法逃離這個鍋子呢？ 2. 想一想，自己有沒有因為開始的忍耐，在堅忍過後嘗到成功果實的甜美經驗呢？請試舉一例。 3. 想一想，如果選擇了忍耐，最後卻得到痛苦的結果，不是成功的甜美果實，那你又該如何面對呢？
閱讀層次	理解 分析	分析歸納 評論
寫作層次	設問法	層遞法
寫作練習	說話行文時，將敘述語句改成問句，能使人思考，且加深印象。問句的呈現方式又可分成三種： 1. 懸問：內心有所困惑而問，問而不答的句式。例：為什麼那位農夫要自己背著犁啊？ 2. 提問：自問自答（有問有答）式的問句。提出問句後，接著便說出答案句。例：天下有這麼吃力不討好的事嗎？當然是有。 3. 激問：問題表面並未提出答案，但仔細思考後，答案正在問題的反面。例：近朱者赤，近墨者黑。與朋友交往能不謹慎嗎？	說話行文時，要說的有三件或三件以上的事物，依事物的大小輕重，層層遞進的修辭法就叫「層遞法」。 範例： 1. 做人要從吃苦做起，吃苦要從細微處做起。 2. 籬外有四野的山，繞山的水，抱住水的岸，以及抱住岸的草。

大重點·小整理

篇名	魯賓遜漂流記	小老鼠與大象
導讀重點	主要是敘述戶外求生的基本知能。	驕傲自大的人內心會被自己的狂妄堵塞住，再也不能容下任何建言，生命的內涵也就此停滯不前了。
閱讀提問	1. 野外露營應該注意的事項(1)靠近水源。(2)陽光無法直射的地方。(3)要有屏障，以免晚上遭到動物的襲擊。請問遵守這些規則的用意何在呢？ 2. 魯賓遜得以在無人的荒島上苟延殘喘下去的原因為何？ 3. 當你在野外遇到毒蛇時，該怎樣應變呢？ 1. 你是否有過野外露營或是到郊外踏青的經驗呢？當時你遭遇到什麼新奇的事物，請敘述之。 2. 當你徜徉在大自然的懷抱中，靜靜思量，反省自己的生活，對生命意義有什麼體悟？ 3. 請到野外拍攝一些花草、動物的圖片，並仔細觀察，描述它們的樣子。	1. 小老鼠最喜歡做的事是什麼呢？ 2. 你覺得是什麼原因讓小老鼠養成自大驕傲的心理呢？ 3. 如果你是小老鼠，發現自己實在很渺小的事實，你該如何自處呢？ 1. 看完上面講述的故事，你能理解「井底之蛙」這一成語的涵義了嗎？請用此成語造一句子。 2. 「讀萬卷書，行萬里路。」接觸外面的廣大世界，見識世界還有許多比自己更優秀的人，小老鼠心灰意冷的回到洞穴。想一想，我們該如何幫助牠，才能使牠重新振作起來，以謙虛的姿態重拾自信心呢？ 3. 人因夢想而偉大，卻因自大而渺小，想一想，我們應該以何種態度，既能懷抱美好的夢想，又不會因為些微成就而驕傲了起來呢？
閱讀層次	理解推論	分析推論 評論
寫作層次	聯想	句型練習
寫作練習	掌握一點概念或情意，從一「點」延伸成「線」，再一層一層的擴充成「面」。聯想又分為「接近聯想」、「對比聯想」、「類似聯想」。 接近聯想：兩者事物概念接近。 類似聯想：類似的事物，可以找出共同特色。 對比聯想：性質相反的事物。寫作材料貧乏時，最適合利用對比聯想法。	1. 清楚描述自己喜歡的動物。 2. 從蒐集的資料或書中，找出一種動物，為大家進行說明，必須同時運用老師所指定的句型。 範例： 「不僅……還……」：小老鼠不僅有一條長長的尾巴，還會用尖銳的牙齒咬破米袋，偷吃東西！

大重點·小整理

篇名	孩子與小白兔	石頭丟到哪裡
導讀重點	不去節制欲望，放縱它任意擴張，終究會因為欲望橫流而犯下無可挽回的過錯。	恣意浪費現今擁有的，卻不懂得珍惜與感激；當幸福遠去時，自己才急切的去尋找真正原因，到底該怪罪誰呢？
閱讀提問	1. 魔法鉛筆的使用方法與破解方法是什麼呢？ 2. 女孩的父母因為哪件事，變得嫌貧愛富起來了呢？ 3. 故事中的女孩，為什麼不願居住在富麗堂皇的城堡，而寧願回到從前那個簡單樸素的小木屋呢？	1. 落魄的富商最後搬到何處？ 2. 故事中的富商生活態度為何？老人為何說出：「你怎麼把這些石頭，從『不是你的地方』搬到『屬於你的地方』呢？」 3. 如果你是富商，會以何種心態維持你現今所擁有的幸福呢？
	1. 如果你是女孩的父母，會因為擁有龐大的資產而嫌棄貧窮的人家，甚至輕視窮苦的鄰居，而禁止女兒跟他們一起玩嗎？ 2. 你覺得什麼才是人生追求的目標，是擁有物質富裕的生活？還是平安喜樂，能讓心靈獲得安穩祥和的生活呢？ 3. 想一想，為什麼當許多人擁有充足的財富，就會產生高人一等的優越感，以財富的多寡來衡量一個人的價值。如果是你，你會這麼做嗎？	1. 一夕致富的暴發戶揮霍他的財產，奢侈無度的後果往往導致家破人亡。這種報導在現今的社會裡屢見不鮮。請問，為什麼有些一夕致富的人每每沒辦法維繫資產，從坐擁金銀財寶到坐困愁城的過程中，他究竟犯下了什麼錯誤呢？ 2. 故事中的老人說出一番懸疑的話，讓富商百思不解，如果你是老人，你會義正辭嚴勸誡富商，還是不把話說明白，讓富商自己思考呢？ 3. 想一想，富商把綠意盎然的花園改建成沙灘，會對環境造成何種破壞和影響呢？
閱讀層次	理解推論	理解歸納推論評論
寫作層次	修飾句	情境聯想
寫作練習	利用各種修辭法造句。 範例： 她頭戴帽子，身穿洋裝，很美麗。 修飾句：女孩頭上戴著藍色的帽子，身穿粉紅色的洋裝，看起來像一朵盛開的花。（視覺摹寫+比喻法）	文中的富翁了解他因為過度揮霍，如今變成了乞丐的教訓後，當下有了些想法……現在讓我們穿越時光隧道，來到二十年後的未來世界，你看到當時的乞丐富翁現在處在什麼情境中？ 1. 未來二十年後的乞丐富翁，他的食物、衣服、房子、交通工具是什麼？ 2. 未來二十年後的國家、家庭和學校有什麼不同？ 3. 你在這趟未來世界旅行裡還有什麼發現，或是有什麼聯想？

大重點．小整理

篇名	馬西拉羅皮亞的織工	放下手中的石頭
導讀重點	無論是王侯將相，或是販夫走卒，只要能徹底發揮自己的才能，便能擁有高貴的生命價值了。	當我們真誠的關愛別人，就會諒解他犯的一些小錯誤，紛爭減少了，和諧增多了，我們的生活便會更加祥和。
閱讀提問	1. 請問小精靈的家位在森林的哪個地方呢？ 2. 如果你是薩加拉達塔，你會向精靈許什麼願望？ 3. 為什麼薩加拉達塔最後只希望小精靈修好他的縫紉機，而不許願當上統御天下的國王，或是擁有豐厚財產的大富翁呢？	1. 請問耶穌認為世界上最重要的事情是什麼呢？ 2. 激進的猶太人要對犯下淫亂罪的婦女施予怎樣的懲罰呢？ 3. 最後大家並沒有對犯罪的婦女給予懲罰。請問是因為發現她並沒有犯錯？還是有其他原因呢？ 1. 耶穌用樹枝在地上寫了一段文字，當眾人看見地上的字與聽到耶穌說的話，紛紛丟掉手上的石頭，原諒犯錯的婦女。請問你覺得那段文字的內容是什麼呢？ 2. 請問你有犯錯的經驗嗎？你犯錯的時候對於其他人的苛責有何感想呢？ 3. 如果朋友犯了錯，你會選擇無條件的原諒他，還是有其他更好的作法呢？
閱讀層次	直接提取訊息 推論	理解、歸納與批判思考
寫作層次	刪節號的運用	誇飾法
寫作練習	句末用刪節號（……），能使文句餘韻無窮。 範例： 薩加拉達塔如果向小精靈許了願望，也許他未來就能不愁吃、不愁穿、當上富翁或國王……真是太幸運了！	描寫事物時，故意誇張鋪飾，超過客觀事實，以吸引人注意，這就是「誇飾法」。 範例： 妓女聽了耶穌基督的教誨後，感到既羞愧又感激，她痛哭流涕的懺悔，並發一萬次誓保證自己絕對不會再犯錯。

認識這本書的編著者

吳淑芳

國立臺灣師範大學社會教育研究所（四十學分班）、國立臺北師範學院輔導教學碩士。九十二～九十九年期間曾任新北市國民教育國語文輔導團召集人。

現任：新北市新店區新店國小校長、新北市提升國小學生國語文能力教師增能組召集人、國立臺北教育大學兼任講師。

吳惠花

國立臺北教育大學語文與創作教學碩士。曾任新北市國語文輔導團專任輔導員、國立臺北教育大學作文師培中心講師、國立編譯館國語文國小教科書審查委員（二〇〇六～二〇一〇）。

現任：新北市鄧公國小教師兼教務主任、教育部國語文領域課程與教學諮詢教師。

忻詩婷

國立新竹師範學院語文教育系、臺北市立教育大學應用語言文學研究所碩士肄業。曾任新北市國民教育國語文輔導團深耕輔導員。

現任：新北市永和區頂溪國小輔導主任。

認識這本書的漫畫家

米洛可

一九七一年生於高雄。在國語日報連載四格漫畫超過九年，繪製過多本書籍插畫，並於救國團擔任專業漫畫教學授課老師。因為愛畫圖、愛看漫畫而踏入這行，從中認識了很多志同道合的朋友及夥伴，也希望把畫圖的喜悅同樣傳承下去。

中小學生必讀的生命教育故事

2012年5月初版　　定價：新臺幣220元
2017年7月初版第四刷

編著　吳淑芳
　　　吳惠花
　　　忻詩婷
繪者　米洛可
叢書主編　黃惠鈴
編輯　張倍菁
校對　趙蓓芬
整體設計　蕭玉蘋

出版者　聯經出版事業股份有限公司
地址　台北市基隆路一段180號4樓
編輯部地址　台北市基隆路一段180號4樓
叢書主編電話　(02)87876242轉213
台北聯經書房　台北市新生南路三段94號
電話　(02)23620308
台中分公司　台中市北區崇德路一段198號
暨門市電話　(04)22312023
郵政劃撥帳戶第0100559-3號
郵撥電話　(02)23620308
印刷者　世和印製企業有限公司
總經銷　聯合發行股份有限公司
發行所　新北市新店區寶橋路235巷6弄6號2F
電話　(02)29178022

總編輯　胡金倫
總經理　陳芝宇
社長　羅國俊
發行人　林載爵

行政院新聞局出版事業登記證局版臺業字第0130號

本書如有缺頁，破損，倒裝請寄回台北聯經書房更換。　ISBN 978-957-08-3992-0 (平裝)
聯經網址 http://www.linkingbooks.com.tw
電子信箱 e-mail:linking@udngroup.com

國家圖書館出版品預行編目資料

中小學生必讀的生命教育故事/
吳淑芳、吳惠花、忻詩婷編著．米洛可繪圖．
初版．臺北市．聯經．2012年5月(民101年)．
176面．17×23公分
ISBN 978-957-08-3992-0（平裝）
[2017年7月初版第四刷]

1.生命教育 2.中小學生教育 3.兒童讀物
4.青少年讀物

523.35 101007876